U0663959

政治文化丛书

书卷多情似故人

杨立杰 / 著

人民出版社

策　　划：江苏春雨教育集团有限公司
责任编辑：吴焰东
封面设计：蔡立国
责任校对：袁　圆

图书在版编目（CIP）数据

书卷多情似故人／杨立杰 著. —北京：人民出版社，2018. 1
（政治文化丛书）
ISBN 978 - 7 - 01 - 018860 - 7

Ⅰ. ①书… 　Ⅱ. ①杨… 　Ⅲ. ①读书笔记-中国-现代
　Ⅳ. ①G792

中国版本图书馆 CIP 数据核字（2018）第 011351 号

书卷多情似故人
SHUJUAN DUOQING SI GUREN

杨立杰　著

人 民 出 版 社 出版发行
（100706　北京市东城区隆福寺街 99 号）

江苏印联实业有限公司印刷　新华书店经销

2018 年 1 月第 1 版　2018 年 1 月江苏第 1 次印刷
开本：880 毫米×1230 毫米 1/32　印张：9
字数：171 千字

ISBN 978 - 7 - 01 - 018860 - 7　定价：35.00 元

邮购地址 100706　北京市东城区隆福寺街 99 号
人民东方图书销售中心　电话（010）65250042　65289539

版权所有·侵权必究
凡购买本社图书，如有印制质量问题，我社负责调换。
服务电话：（010）65250042

出版说明

为什么出版《政治文化丛书》？

习近平总书记在党的十九大报告中指出，要发展积极健康的党内政治文化，全面净化党内政治生态。加强党内政治文化建设，对推动全面从严治党向纵深发展、推进党的建设新的伟大工程具有极为重要的意义。

当代中国共产党人和中国人民应该而且一定能够担负起新的文化使命，在实践创造中进行文化创造，在历史进步中实现文化进步。建设党内政治文化，关键要以文化人，推动成风化俗。为此，我们筹划出版《政治文化丛书》，为广大党员干部提供精彩独特的文化读本。

《政治文化丛书》有什么特点？

一是故事意义深刻、文化底蕴深厚。丛书坚持以马克思主义为指导，坚守中华文化立场，立足当代中国现实，结合当今时代条件，体现中国特色社会主义的文化内涵；讲求"故事载道"，以随笔和叙议风格为主要形式，寓深刻道理于生动故事之中。

二是党员干部写、党员干部读。丛书作者都是党员领导干部，不但工作勤奋，是各自工作岗位的行家里手，而且爱读书、爱思考、善写作。他们见解独到，发乎内心，充满真情和智慧，对广大党员干部必有启迪，对广大读者也大有裨益。

三是既有意义、又有意思。丛书力求言之有理、深入浅出，清新可人、篇幅短小（一般都在十万字左右），倡导真诚、摒弃说教，讲品位、讲格调、讲责任，让读者在"悦读"中领悟中华文化的永久魅力和时代风采。

四是持之以恒、细水长流。计划每年出版五六种，春风化雨，润物无声，与读者共同成长，一起进步。

总 序

知古鉴今　古为今用

文化是一个国家的根脉，是一个民族的灵魂。

在5000多年文明发展中孕育的中华优秀传统文化，在党和人民伟大斗争中孕育的革命文化和社会主义先进文化，积淀着中华民族最深层的精神追求，代表着中华民族独特的精神标识。三者一脉相承，共同构筑了中国特色社会主义的文化精神和文化品格，是新的历史条件下全体中国人共同的精神家园。

党的十九大报告把发展积极健康的党内政治文化、全面净化党内政治生态纳入全面从严治党战略部署，赋予全面从严治党更深沉的文化内涵，体现了党的建设与中国特色社会主义文化建设的高度统一。习近平总书记在党的十九大报告中强调，当代中国共产党人和中国人民应该而且一定能够担负起新的文化使命，在实践创造中进行文化创造，在历史进步中实现文化进步！这套"政治文化丛书"正是在此背景下编纂而成的。

读罢丛书，想起《周易》的一句话——"观乎天文，以察时变；

观乎人文，以化成天下"。我们在仰望星空的同时，通过阅读好的著作，以史为鉴，正衣冠，明古今，从而达到政治文化建设的目的，实乃有益之事。丛书编委会嘱我写几句话，我想就我国历史上以史为鉴的文化传统问题谈几点体会。

在中华文明数千年的发展历程中，历史与国家发展、与政治兴衰呈现出高度密切的关系。历代政治家、思想家、史学家都充分认识到以史为鉴的重要性。不晚于西周，以史为鉴的政治文化传统已经产生。《诗经·大雅·荡》说："靡不有初，鲜克有终。""殷鉴不远，在夏后之世。"这两句诗的产生显然都与作者对历史的总结有关。又《尚书·周书·召诰》说："我不可不监于有夏，亦不可不监于有殷。""监"即"鉴"，是周初统治集团以夏商灭亡的历史引以为戒的反映。春秋战国时期，列国争霸争强，王朝兴衰如走马灯似的频繁，严峻的形势教育各国统治者，必须注重吸取历史的教训。如《战国策·赵策一》记载赵襄子的家臣张孟谈"观成事，闻往古"，总结出"前事之不忘，后事之师"的名言。再如《荀子·成相篇》云："前车已覆，后未知更何觉时！"西汉初年韩婴熟练引用"前车覆，后车不诫，是以后车覆也"的鄙语，说明"前车之鉴"这个成语的基本思想在战国晚期已经形成。

秦统一与速亡这一天崩地裂般的巨变，极大地推动了西汉初年以史为鉴思想的发展，贾谊的《过秦论》就是其中的杰出代表。在详细分析了秦亡之因后，贾谊指出："是以君子为国，观之上古，验之当世，参之人事，察盛衰之理，审权势之宜，去就有序，变化因时，故旷日长久而社稷安矣。"他从理论层面总结出了以史为鉴的原因、目的、方法与意义。在秦汉以后统一多民族国家的漫长发展历程中，善于以史为鉴是许多杰出政治家获得成功的关键，也是中华民族许多时期登上"盛世""治世"高峰的重要原因，更是中华文明在艰难曲折中不断前行的重要思想基础。这是一个不争的历史事实。

古人不但重视总结历史、以史为鉴，而且重视历史经验的现实转化。"夫明镜者，所以照形也；往古者，所以知今也。"西周初年从夏商灭亡的历史中吸取了"失德而亡"的教训，认识到要想"永保天命"，就必须"敬德保民""明德慎罚"。周初统治集团"务在节俭，毋多欲，以笃信临之""故成康之际，天下安宁，刑错四十馀年不用"。由此可知我国历史上的民本思想起源于西周不是偶然的。汉初刘邦以"马上得天下，马上治天下"自负，拒绝从历史中吸取经验，经郦食其、叔孙通、陆贾等人的说服，终于懂得了礼仪教化的重要意义，遂命陆贾"试为我著秦所以失天下，吾所以得之者何及古成败之国"，于是陆贾"粗述存亡之征"，撰成《新语》十二篇。刘邦从历史中吸取教训，及时调整秦代严刑峻法、横征暴敛的统治政策，推行清静无为、与民休息的国策。这影响着汉初几代君主的施政方针，并与"文景之治"的出现有直接关系。以李世民为首的唐初统治集团深刻认识到"以古为镜，可以知兴替"的真理，为政彰善瘅恶、选贤任能、以民为本、崇尚节俭、大布恩德、严明吏治，造就了一代"贞观之治"。纵观历史长河，善于以史为鉴，并将历史经验与社会现实相结合，是一些王朝成功延续数百年并取得较好治理效果的一条重要经验。

中国特色社会主义文化，源自于中华民族5000多年文明历史所孕育的中华优秀传统文化，熔铸于党领导人民在革命、建设、改革中创造的革命文化和社会主义先进文化，植根于中国特色社会主义伟大实践。在新的历史条件下，我们以史为鉴当然不仅仅是要学习借鉴古代的历史，近代以来中国人民为实现中华民族独立、解放和伟大复兴而不懈奋斗的历史，中国共产党领导中国人民走上社会主义道路的历史，特别是改革开放以来中国特色社会主义建设与发展的历史，同样是我们今天必须借鉴的重要内容。

"述往事，思来者"。站立在960万平方公里的广袤土地上，吸吮着中华民族漫长奋斗积累的文化养分，拥有13亿多中国人民聚合的磅礴之力，我们走自己的路，具有无比广阔的舞台、无比深厚的历史底蕴、无比强大的前进定力。本丛书以中国特色社会主义文化建设的新理念新思想新战略为指导，紧密结合当前党和国家的现实需要，从全面从严治党的战略高度，从历史和现实的维度为读者提供了一套优秀读物。

首先，视野开阔。本丛书从探究历史本来、思考当下与未来的思路出发，内容涵盖古今，既有对我国历史上治乱兴衰轨辙的探讨，也有对革命传统中红色基因的分析；既有青年干部读书养德的心得体会，也有涵养共产党人"心学"的思想养料。著者以马克思主义的历史观与方法论为指导，把古今紧密结合在一起，为读者特别是党员领导干部从广阔的历史长河中借鉴历史经验，深入贯彻落实党的十九大精神提供了开阔的视野。

其次，内涵丰富。习近平总书记曾经指出："在漫长的历史进程中，中华民族创造了独树一帜的灿烂文化，积累了丰富的治国理政经验，其中既包括升平之世社会发展进步的成功经验，也有衰乱之世社会动荡的深刻教训。我国古代主张民惟邦本、政得其民，礼法合治、德主刑辅，为政之要莫先于得人、治国先治吏，为政以德、正己修身，居安思危、改易更化，等等，这些都能给人们以重要启示。"本丛书正是以扎实的史料、丰富的内涵，从理论与实践的层面，为读者特别是党员领导干部修身养德、为政处世提供了一份优质的精神食粮。

第三，文风清新。本丛书不是长篇大论，而是将历史借鉴的深刻内涵，内化于生动活泼的形式、清新隽永的文字之中。每本书都是以对人物、事件和问题的思考为中心，分为若干专题，篇幅短小精悍，突出主题。而著者所关注的问题，又都是曾在历史上发生过，而对现实又具有借鉴、警示意义的内容。这样一种编撰形式和清新的文风，无疑既有益于读者在百忙之中能够阅读、喜欢阅读，又具有强烈的针对性。

最后我想说的是，这套丛书的作者群体主要是在不同工作岗位上的党员干部。因而丛书从选题到内容，都更加切合当前全面从严治党形势的需要。我在拜读学习的同时，也对他们在繁忙的工作之余所作出的理论与学术贡献感到由衷的敬佩！

卜宪群

中国社会科学院历史研究所所长

目　录

第三辑 | 书边碎语

第四辑 | 书林清话

第五辑 | 游观天地

代 序

如是我读，不亦快哉

　　近日重读金圣叹三十三则"不亦快哉"，又读林语堂、梁实秋、李敖诸公之仿作，尚觉意犹未尽，乃据平日读书之事，戏笔续貂十则，其文如左：

　　独乘京沪高铁，车上禁止吸烟，甫一落座，展读周知堂小书一册，全不觉烟瘾发作。车到虹桥，恰好终卷，下得站台，点燃一烟，深吸一口，缓缓吐出——不亦快哉！

　　出差在外，入住湖畔幽静之所。夜深人静，独往湖边。前有一泓碧水，上有明月当空，耳无嘈杂人声，心无纤介烦事，漫步湖畔小路，将庄子《逍遥游》、渊明《桃花源》《归去来》、王勃《滕王阁》、仲淹《岳阳楼》、东坡《前后赤壁》、永叔《醉翁亭》、李密《陈情表》、禹偁《竹楼记》等诸篇，逐次背诵一过，但觉神清气爽，更有满口余香——不亦快哉！

　　盛夏之夜，坐家中一风凉处，赤膊喝冰啤酒，读东坡词，至其"回首向来萧瑟处，也无风雨也无情""小舟从此逝，江海寄余生"等句，反复玩味——不亦快哉！

夜深人静，在家中整理书架。虽无坟典索丘，端的经史子集，随手翻阅，神交古人——不亦快哉！

热伤风，欲嚏而不得，遂读《鹤林玉露》《东坡志林》、曹子建文、辛稼轩词，每至肥腴酣畅处，恰有一嚏喷薄而出——不亦快哉！

遇一爱谈诗之人，然极口所谈者，不过李杜熟句。先是恭谨静听，乘其得意之时，故作不经意状，随口诵出数首偏僻宋诗，看彼一脸惊愕，口不能言——不亦快哉！

某君爱谈三国人物，然不过如鲁迅《风波》中之赵七爷，"不但能说出五虎将的名字，还知道马超表字孟起，黄忠表字汉升"，便自以为"方圆三十里唯一出色人物兼学问家"。我找一恰当时机，将蜀魏吴文臣武将姓名表字一长串背出：曹仁曹子孝、曹洪曹子廉、夏侯惇字元让、夏侯渊字妙才、张辽张文远、张颌张隽义、徐晃徐公明、许褚许仲康、李典李曼成、乐进乐文谦、于禁于文则、庞德庞令明……待其目瞪口呆之时，轻松将话题转至别处，料其有生之年从此便不敢再谈三国——不亦快哉！

路见无礼之人、不平之事，每欲一舒老拳，但念和谐社会、法治国家，惟愤愤然悻悻而去，回家急读《水浒》鲁提辖拳打镇关西一段，想那醋盂大小的拳头打在那恶徒鼻洼眼角太阳穴处，其声噗噗然，其血汩汩然、其叫嗷嗷然——不亦快哉！

偶因琐事，与妻龃龉，有理尚且说不清，何况无理？躲进洗手间，坐马桶盖上，读《三国演义》祢正平击鼓骂曹、张永年反难杨修、诸葛亮舌战群儒、武乡侯骂死王朗诸节，觉胸中无名怨气一吐而空——不亦快哉！

　　年近知天命，心肠愈益坚，虽有伤心事，泪总不轻弹。惟近读显克微支《穿过大草原》，掩卷之后，泪眼潸然。想此时若能登一高山，残阳如血，松涛如吼，四顾无人，席地危坐，放声一大哭——不亦快哉！

（宋）刘松年《秋窗读书图》

第一辑

如是我读

现在我们读书最主要的目的还是在于拓展人生。古人说人生百岁，我们即使活到一百岁，能到的地方也很有限，所以每个人的物理时空是非常有限的，但是心灵时空是无限的，这是一对矛盾，怎么样解决这个矛盾，很重要的一个途径是读书。阅读可以拓展我们的心灵时空，丰富我们的人生体验，为灵魂寻得一安放处。

一卷闲书一树花

> 读书，如武陵渔人探访桃花源，开始时难，"初极狭，才通人"；坚持下去，"复行数十步，豁然开朗"；待读到浓处，物我两忘，"不知有汉，无论魏晋"。

好读书，读好书，非多读、广读不可；不多不广，何以好之，又焉知何为好书。所谓闲书，非无用之书，而是闲暇之时应读可读之书。人闲下来了，总得做点什么，现在选择很多，于我，莫过于读书。

为何读，原本无需多说。大家都熟悉宋真宗的说法："书中自有万钟粟，书中自有黄金屋，书中自有颜如玉"，很实用主义，讲得很俗，对中国传统社会读书人影响非常大。我比较喜欢的是宋朝学者尤袤讲的："饥读之以当肉，寒读之以当裘，孤寂而读之以当友朋，幽忧而读之以当金石琴瑟也。"黄庭坚也说过："三日不读书，便觉语言无味，面目可憎。"左宗棠有一副对联："身无半亩，心忧天下；读破万卷，神交古人。"

古人于读书，因目的不同而有四种认识：第一种是苦事。这主要是基于功利主义的读书，古人在这方面故事很多，如"悬梁刺股""十年寒窗"。第二种是雅事。这体现的是人的文化境界和读书氛围，王禹偁在《黄冈竹楼记》里有一段写得非常雅："公退之暇，被鹤氅衣，戴华阳巾，手执《周易》一卷，焚香默坐，消遣世虑。江山之外，第见风帆沙鸟，烟云竹树而已。"第三种是趣事。宋朝的苏舜钦以"《汉书》下酒"，有《汉书》"如此下酒物，一斗不为多也"之语。第四种是乐事。陶渊明说："好读书，不求甚解，每有会意，便欣然忘食。"

现在我们读书最主要的目的还是在于拓展人生。古人说人生百岁，我们即使活到一百岁，能到的地方也很有限，所以每个人的物理时空是非常有限的，但是心灵时空是无限的，这是一对矛盾，怎么样解决这个矛盾，很重要的一个途径是通过读书。阅读可以拓展我们的心灵时空，丰富我们的人生体验，为灵魂寻得一安放处。古人对这一点体会很深，清代学者钱泳《履园丛话》中有一句家喻户晓的至理名言"读万卷书，行万里路"，可谓精辟。某日读书，有花数瓣落于几上，一时兴起，作偈子四句："一壶一盏一瓯茶，一卷闲书一树花。一行一页一世界，半在禅堂半在家。"

读什么，是非常个性化的问题。通常我们是按照有趣或有用的标准来选择。如果是书店里选书，可以读前言、看后记，随手翻读一页，能够很顺利地读完，就可以买，如果读了几行觉得没什么意思的话，可以放下。不要太相信推荐书单，有很多是商业性的，我比较看好《中华读书报》《经济观察报》推荐的书。对于古书，可以从专门的图书目录中选择，张之洞的《书目答问》、叶德辉的《书林清话》都是关于书目的，可以经常放在手边翻一翻的。还有很多谈读书的书也值得读，对发现读书线索很有帮助。至于拓展阅读，好的办法是利用参考书目、引用书籍，顺着作者的思路进行延展的阅读，很有好处。

就古书来说，我于经、史、子、集皆略有涉猎。经读的比较多的是《论语》和《孟子》。特别是《论语》，值得经常读、反复读。孔子主德治，特别强调从政者"以德服人""为政以德，譬如北辰，居其所，而众星共之"；行仁政，"子为政，焉用杀"，即使去"兵"、去"食"，也要保持百姓对政府信任；讲礼乐，用礼来约束人，用乐来陶冶人，反对徒具形式的礼乐，"礼云礼云，玉帛云乎哉？乐云乐云，钟鼓云乎哉"；辩义利，"君子喻于义，小人喻于利""君子坦荡荡，小人长戚戚"；重修养，"君子有三戒""君子有三畏""君子有九思"。儒家标举"学以为己"，《大学》概括为"诚意、正心、修身、齐家、治国、平天下"。愚以为时至今日，以儒家思想"诚正修"固然有余，"齐治平"终显不足。治国理政，实现中华民族伟大复兴，还得靠社会主义核心价值观，正所谓"世界潮流，中国气派"。

中国的正史，卷帙浩繁，不可能都读完，重要的是前四史：《史记》《汉书》《后汉书》《三国志》。正史有专门的体例，史记里有"八书、十表、十二本纪、三十世家、七十列传"，后来汉书把书改成志，把世家去掉了，就是"志、表、纪、传"这四种体例，读纪知大事，读传识人物，读食货志，贯经济史，读艺文经籍志，通学术史。曾国藩讲过"刚日读经，柔日读史"，经是原则必须坚守，所以"刚日"读之，史是灵活的借鉴性的，所以"柔日"读之。冯友兰把它反过来了，"柔日读经，刚日读史"，越是原则越要灵活运用，历史的教训却必须汲取。

子里面读得多的是《庄子》。庄子文章文字纵横万里、汪洋恣肆、上下九万里，在诸子里面，文风和其他人完全不同，所以文人都比较喜欢读，特别是《逍遥游》。庄子文章具有辩证思想，举个例子，"一尺之棰，日取其半，万世不竭"，意思是一尺长的一根木棍，每天拿走一半，一万年也拿不完，这不就是物质无限可分的原理吗？他善用寓言讲道理，如大家熟悉的朝三暮四、庖丁解牛、不龟之药、相濡以沫、沉鱼落雁、得鱼忘筌，庄子为成语做了很大贡献，而且文字非常优美。读《庄子》可以去俗忘忧，俗务缠身、患得患失之时读读《庄子》，恰似给心灵洗个澡。

集里面读东坡比较多，原来写过一篇文章，里面有句话："东坡一生坎坷，其人不负'天真'二字，唯天真之人才算得上旷达之人。其狱中诗云：'七尺顽躯走世尘，十围便腹贮天真。此中空洞浑无物，何止容君数百人。'读罢希望东坡便腹再加大十围，以尽容斗筲之辈、宵小之徒。"东坡是个聪明人、实在人、幽默大师、性情中人。林语堂先生说过，东坡很可爱，古代文人里面有这样品格的人非常少。《古文观止》收入东坡前后《赤壁赋》，编者最后评了一句："岂惟无鹤无道士，并无鱼，并无酒，并无客，并无赤壁，只有一片光明空阔，读此二赋胜读《南华》一部"。东坡诗文与《庄子》确是绝配，恰如一桌小宴，既有肥浓酣畅，又有清脆爽口。

　　读书最好能达到博、精、通的境界，但要真正做到很难。至于怎么读，我的体会可概括为"四字诀"——眼读、口读、耳读、心读，"三个一点"——勾划一点、抄写一点、背诵一点，这是我平时读书的基本方法。毛主席说过："不动笔墨不读书"。勾勾划划一点，有的时候做一点摘录或者是随手写一点，基本上我二十天左右会写一小本，里边既有摘录，临时有个想法可以记一记，否则过后很难想起来，包括写文章要用的时候，"事如春梦了无痕"。我特别主张还要背诵一点，当然年龄越来越大，背也越来越费劲了，背书还是趁早。最近新背了陶渊明的《归去来兮辞》，稍一复习，《逍遥游》也还背得出来，看来脑筋还没有和面容一样老得那么快。有人说"只有重读才是真正的阅读"，当然不是说每本书都要重读，但经典应当反复读。什么时候读？古人有"三上三闲"之说，"三上"就是"马上、厕上、枕上"，"三闲"叫"夜为日之闲、雨为月之闲、冬为岁之闲"。我们现在也有好多"三上三闲"，比方说出差坐飞机、火车，晚上回家做完家务以后总还是有点时间的，把看电视、刷手机的时间挤出一点用于读书，有利于防止视力变坏、脑子变钝。

孔子读《易》，韦编三绝，这讲的是重读。七录斋主人张溥，"所读书必手抄，抄已，朗诵一过，即焚之；又抄，如是者六七始已"，这太极端了。现在书这么多，不可能抄得过来，他读经可以这么读，读现在的书难以做到，但有些是该重读的，大体浏览一翻而过，不会留下什么很深的印象。曾国藩说，"读经有一耐字诀，一句不通，不读下句；今日不通，明日再读；今年不通，明年再读。"这也只是在读的范围比较狭窄的时候才能用。亨利·梭罗《瓦尔登湖》里说，"读书需要训练，如同运动员要接受训练一样，而且人们差不多要终其一生追求这个目标。"最重要的还是牢记孟子所言："尽信书则不如无书。"对于很多书，只能是姑妄言之、姑妄听之，拘泥教条是要不得的。

王国维讲过做学问的三种境界，完全可以用在读书上："昨夜西风凋碧树，独上高楼，望尽天涯路"，这是刚刚开始；"衣带渐宽终不悔，为伊消得人憔悴"，读得很苦；"众里寻他千百度，蓦然回首，那人却在灯火阑珊处"，得来全不费功夫。下面是我自己概括的：读书，如武陵渔人探访桃花源，开始时难，"初极狭，才通人"；坚持下去，"复行数十步，豁然开朗"；待读到浓处，物我两忘，"不知有汉，无论魏晋"。

整理书架的烦恼与乐趣

> 如果说整理书架时逡巡于一排排书本之前，有点像大元帅检阅部队或国家元首走过欢迎人群，那么边整理边随手翻阅一下，就好像大元帅走到一个小兵面前，拍拍他的肩叫声"小鬼"，或者是国家元首与夹道欢迎的群众一一握手一样，在整体满足感之外又有具体的亲切感。

整理家中的书架，是一件有趣味的事，但也是一件颇为恼人的事。

自己的庋架所藏，当然不敢自夸丰富，但毕竟也在五千册上下，那还真是挺大的一堆呢，放在书架上差不多占据了家里不同地方的六面墙壁。当然，这些书都是二十多年来从书店和网上陆续买回来的寻常读物，不要说宋椠元刻、明清善本，就是当今的精装本也不占多数。钱是不值什么，但却着实是自己的心肝宝贝，所以，整理书架几乎是我唯一始终亲力亲为的"家务劳动"，绝不劳母亲和老婆二位大人的大驾。

整理书架的烦恼，首先要从书架的边缘说起。书与书架的外沿总会有几公分宽的空隙，时间一长，那里往往便为各种杂物所占据：各种小摆设、不同面额的硬币、淘汰的旧手机、不用的充电器、各种形状的小盒子和瓶瓶罐罐，其他还有小刀啦、名片啦、光盘啦、钥匙链啦、打火机啦、剩下的半包香烟啦、防雾霾口罩啦、老婆的化妆品啦、儿子小时候玩的贴画啦等等，反正都是些莫名其妙的物件。这些东西大多留之无用、弃之可惜，但要整理书架，必须首先将它们清理掉。我的办法是，除了算得上是摆设的东西，其他物件便一股脑地笼而统之，搂进一个纸袋然后塞进角落，同时在家里大声宣布："原来放在书架上的东西都在某某处，要用请到那里去找！"这样便解除了自己乱丢、乱塞东西的责任。

现在就剩下书们了，可是稍一打量，就会发现书的插放实在是乱的可以：它们都是陆陆续续进驻我家的，书架上往往早已没有了站立的地方，因此只能后来者居上，横卧在站立的书的头上。这些倒卧的书们固然是舒服了，但找起它们来可让我要吃些苦头，不得不将头歪向一侧，那样才能看清书脊上的名字。其实，倒卧的书也未必舒服到哪里去，因为站立的书们由于规格大小不同，往往很难一般高，一两本高出一头的书，便正好顶到躺在自己头顶上的书的腰眼儿上。换了是我，可不愿意睡在这样的床上，估计书也是不愿意的，于是它就赌气似的把头耷拉下来而把脚高高翘起，让我没办法在它身上压更多的书。

书的规格不同的确是整理书架最大的困难。如今的书实在是参差不齐——思想与文笔参差不齐倒也罢了，关键是高矮胖瘦参差不齐，有的又瘦又高，有的又矮又胖，也有少量的刻意卓尔不群，不仅在高度上要出人头地，而且在宽度上也要心广体胖，摆放这样的书实在让人头疼。而最头疼的就是，书的规格与书的内容很难协调一致。我不止一次地试过，严格按内容来归类整理书架，以便于今后查找取阅，但这样做的结果就是，架上的书仿佛东坡笔下的庐山，横看成岭侧成峰，远近高低各不同，实在有碍观瞻。因此，我不得不退而求其次，按照内容优先、兼顾规格的原则来整理书架，当然这也和"效率优先，兼顾公平"一样，说起来容易做起来难，每次全面整理书架的结果就是：得花相当长的一段时间，才能熟悉书们的具体位置，着急要找某一本时往往会气急败坏一番。

不管怎么说，书架还是应该经常整理的，不仅仅为了整齐美观，更主要的还是为了摸清家底、把握发展阶段，否则往往导致决策失误。这不，前几天刚刚在孔夫子网上花高价买了《朱熹的历史世界》这本大厚书，大体翻翻决定先不着急读，便在书架上四处寻找合适的位置，幸运地发现角落里另一本差不多大小的书旁边似乎有些空隙，遂将这朱熹和他的历史世界勉勉强强挤了进去，定睛看了看旁边的那一本，巧得很，刚好也是《朱熹的历史世界》！

整理书架的乐趣，首先在于体会收藏的整体满足感，这与文物收藏家检视自己的藏品、守财奴贪官半夜起来数钱大概是差不多的。不过，差别还是有的。文物收藏家一般能够说清楚自己每件藏品的来历和特点，守财奴贪官即使搞不清货币藏品的总数，但对每单位货币的购买力还是很清楚的。而对于读书的人来说，绝大多数恐怕很难说自己的每一本藏书都读过、都熟悉。牛人不是没有，但是很少。忘了在哪里读到，王安石能够让人随手从架上抽出一本，随意翻到一页，随便读上一句，他就能将后边的内容源源不断地背出来，我估计这大概是夸张演绎的。比较可信的是马克思，在刚刚读完的那本《到芬兰车站》里，马克思的女婿拉法格回忆说："（马克思）书架上的书显得很不协调，因为书都是按内容的性质排列……显得相当杂乱……但是，马克思很清楚什么东西在什么地方……他和你谈话时，可以随意打开任何书页来佐证他的观点……'它们是我的奴隶'，他经常这么说。"

把书当作奴隶，这种境界也许只有马克思才能做到，对于我们普通人来说，不反过来做了书的奴隶、如庄子说的"以物为事"就算不错了。其实对于藏书达到一定数量的人来说，将每一本都从头到尾读下来不仅不可能，甚至也不必要。这就好比过去皇帝后宫纵有三千粉黛，他也未必个个都"幸"过，否则怎么会有《阿房宫赋》里的那些哀婉之词和"有不得见者三十六年"呢。过去也曾被到访的朋友问过：书真多啊，你全部都读过吗？当时还真不知怎么向他解释为好，幸亏前不久读到《植物的记忆和藏书乐》一书中提供了几个标准答案，我最喜欢的"神"答案大意是：没有，这些都是我下个月要读的，读过的全扔了，比这多得多！

话虽如此，买了书还是应该读的，三千粉黛即使无力挨个儿去"幸"，抽空儿稍稍交谈一下总是可以的。如果说整理书架时逡巡于一排排书本之前，有点像大元帅检阅部队或国家元首走过欢迎人群，那么边整理边随手翻阅一下，就好像大元帅走到一个小兵面前，拍拍他的肩叫声"小鬼"，或者是国家元首与夹道欢迎的群众一一握手一样，在整体满足感之外又有具体的亲切感。翻开一本很久以前认真读过的书，有点像毕业20年同学聚会，遇到曾经心仪的女同学，四目相交之后，低低地交谈几句，找回一点当年的感觉。当然，也不一定总是会见老朋友，偶尔还会发现新朋友，瞧！这里有一本《如何煮狼》，真想不出怎么会遇到这么一位！

在经过一番上窜下跳、搬来挪去之后，往往已经是一头汗水、两手黑灰了，此时在书架对面坐下来，看着合理归类、排列整齐的书们，一种惬意便会油然而至。当然，随后也往往会有一丝压力，那些买了很久但还从来没有读过的书，仿佛一齐在眨动委屈的双眼，这会刺激你的阅读紧迫感，也会稍稍抑制你的买书冲动。不过，这种抑制作用是很有限的，因为经过整理，书架上往往会或多或少地腾出一些空隙，而那些空隙，又会挑逗你雄心勃勃地奔向书店。

　　写到这儿该收尾了，一时没想好怎么收，此时手机"滴"了一声，有朋友在圈里发了个链接，其中的几句刚好借来一用：拥几册书，有些余粮；世间破事，随它去吧。

抄书谈天与猫与鱼

> 说既不能说,抄总是可以抄的,知堂老人曾经为抄书辩护过,
> 大意是说,抄也是要有想法的, 没有想法, 怎么抄呢?

读了几本书以后, 有时难免思绪蠢动, 意欲有所言说。可接着读下去却发现, 想说的话, 前人往往都说过了, 正所谓"口欲言而嗫嚅, 足将进而趑趄"。说既不能说, 抄总是可以抄的, 知堂老人曾经为抄书辩护过, 大意是说, 抄也是要有想法的, 没有想法, 怎么抄呢?

近日闲翻《汉书》, 很有些抄的想法, 这一段是《董仲舒传》中董老先生对汉武帝说的话, 文字浅白, 仅对部分字句略做点白话解释:

夫天亦有所分予(老天在分配上是公平的), 予之齿者去其角(给你锋利的牙齿就不给你锐利的犄角), 傅其翼者两其足(给你会飞的翅膀就不给你善跑的四足), 是

所受大者不得取小也（得到大的好处就要放弃小的利益）。古之所予禄者（做官），不食于力（不种田），不动于末（不经商），是亦受大者不得取小，与天同意者也。夫已受大，又取小，天不能足，而况人乎！此民之所以嚣嚣苦不足也（这就是老百姓贫乏困苦的原因）。身宠而载高位，家温而食厚禄，因乘富贵之资力，以与民争利于下，民安能如之哉（老百姓怎么能服气呢）！是故众其奴婢，多其牛羊，广其田宅，博其产业，蓄其积委（积聚财物），务此而亡已（干个不停），以迫蹙民（压迫），民日削月朘（剥削），寖以大穷（逐渐走上绝路）。富者奢侈美溢，贫者穷急愁苦；穷急愁苦而上不救，则民不乐生（没有生活的乐趣）；民不乐生，尚不避死，安能避罪（铤而走险）！此刑罚之所以蕃而奸邪不可胜者也（法条愈细密繁苛而犯法者愈多）。故受禄之家，食禄而已，不与民争业，然后利可均布，而民可家足。此上天之理，而亦太古之道，天子之所宜法以为制（制度），大夫之所当循以为行也（准则）。故公仪子相鲁（公仪子做鲁国的宰相），之家见织帛，怒而出其妻（回家看见老婆织布便把她休了），食于舍而茹葵，愠而拔其葵（把自家园子里种的菜拔了），曰："吾已食禄，又夺园夫红女（菜农和织布女）利乎！"古之贤人君子在列位者皆如是，是故下高其行而从其教（下级佩服他的行为而听从他的教导），民化其廉而不贪鄙（百姓被他的廉洁感化因此不做贪婪卑鄙的事）。

董老夫子动辄拿天说事儿，他说的话，大概从来也没有多少人真信吧？中国人似乎更讲究通吃福禄寿喜，兼顾酒色财气，强者吃肉喝汤，弱者活该眼馋。据说从神话和图腾里可以看出一个民族的性格，中国人的图腾是龙，正像《三国演义》里曹操说的："龙能大能小，能升能隐；大则吞云吐雾，小则隐介藏形；升则飞腾于宇宙之间，隐则潜伏于波涛之内。"龙能飞又能跑，有牙又有角，而且龙生龙凤生凤，龙凤呈祥、虎豹豺狼，天时地利人和一时占尽，福禄双全，花开富贵，烈火烹油，不可一世。结果呢？"眼看他起高楼，眼看他宴宾客，眼看他楼塌了"，这样的悲喜剧从古演到今，正说明"天有分予，富贵不常"的道理，很多人是不信的。

好在，信的人总还是有。"为官发财，应当两道"，正是上合天意、下顺民心。天离得太远，管用的还得靠制度。

董夫子文中提到的那位公仪子，即春秋时鲁相公仪休。公仪休够绝的，他弃糟糠之妻倒不是因为"感情不和"或其他"众所周知的原因"，而是因为夫人"织帛"与民争利。"织帛"不过自食其力而已，又不是利用其职权经商炒股搞房地产，更没有受贿买外国别墅又毒死外国人，公仪休如此"小题大做"，真足以令某些人笑煞。

其实，他比出妻拔葵更著名的故事是"拒鱼"。这位公仪休的生肖八成儿属猫，喜欢吃鱼，可人家送给他鱼他不收，此事见于《史记·循吏列传》。其实，公仪休拒鱼的原因既不是他相信"头上三尺有神明"，也不一定是有多高的"政治思想品质"，而是因为有制度。他自己说得好："以嗜鱼，故不受也。今为相，能自给鱼；今受鱼而免，谁复给我鱼者？吾故不受也。"这老头儿官儿虽做得大但还真是实话实说，正是因为有了"能自给鱼"和"受鱼而免"的制度，他才不想且不敢受鱼。任何制度都应有两面，一激励，一约束。激励者，"能自给鱼"；约束者，"受鱼而免"。若不能自给鱼或受鱼而不免，则天下恐不复有好猫。好的制度使坏猫变好猫，坏的制度使好猫变坏猫，甚至变成大老虎。看来，"打老虎"还得从猫的道理抓起。

谈关羽

关羽不会后悔不杀曹操，也幸亏他当时不曾杀了曹操。试想，如果连关羽都无情无义，那么卷帙浩繁的廿四史，还有哪一章哪一节值得去读，哪一人哪一事值得去说呢？有人说关羽之败在一个"骄"字，《三国志》就说他"刚而自矜"。我想，如果连关羽都不骄傲，那又有谁还配骄傲呢？

在古今中外的英雄人物中，毫无疑问，关羽是我最喜欢的大英雄。近日在电视上看了一出京剧折子戏《华容道》，忍不住想谈谈关羽。

用诸葛亮的话说，关羽是"绝伦逸群"、与众不同的。在桃园三兄弟中，他的身材最高：身长九尺。他的胡须最长：髯长二尺，而且显然不是像米开朗基罗所塑摩西的那种浓密、打绺而又乱糟糟的胡须，他是真正的"美髯公"。他的兵器是与众不同的：青龙偃月刀，又名"冷艳锯"，重八十二斤，便是那个倒拔垂杨柳、"两臂膊有水牛大小气力"的莽和尚鲁智深，

（清）任伯年《关公像》

在打造他的那条浑铁禅杖时，也不得不听从铁匠的建议，只造了一条六十二斤的。还有他的马——赤兔，显然也是与众不同的：她不仅能日行千里，而且还具有两栖功能——她的老主人温侯吕布便曾说她"渡水如平地"。我这里用"她"而不是"它"来指代，是不愿相信"赤兔"只是一头牲畜，尤其是我相信——虽然这一点无从考证——"赤兔"必是一匹牝马，否则怎会有胭脂般艳丽肤色呢？

在舞台上，关羽的出场总是与众不同的。曹操败走乌林那一段，赵云、张飞先后出场，而龙套——他们的兵——少则四个，多则六个；及到关羽出场，则必是八个，还不算他身后的关平和周仓。其实，关羽出征，并不喜欢人多势众，当时赵云、张飞都各带三千人马，而关羽却只有他那五百校刀手。

自古以来说到关羽，总少不得"忠""义"二字，其实，说关羽还可以有很多别的字眼儿：

他"酷"。出现在曹军面前时，他必是将那五百校刀手一字排开，门旗分列，中间是一面"关"字大纛，关平和周仓分立左右，他或是提刀纵马，或是立马横刀，长髯飘飘，不怒自威——何其"酷"也！他臂中毒箭，华佗为他刮骨疗毒，刀刮骨上、悉悉有声，帐上帐下，掩面失色，他却饮酒食肉、谈笑弈棋——何其"酷"也！

他孤独。在刘备诸将当中，关羽经常独当一面，直到最后孔明入川，留他独守荆州。他的一生中，多的是飘零与孤单：

徐州兵败他保二嫂独留曹营，寻兄长他千里走单骑，守荆州他单刀会鲁肃。每天，在历经艰险以后，夜晚宿营时，他还要燃一盏孤灯，夜读《春秋》——他能不感到孤独吗？

他懂谶纬之说且不乏幽默。樊城水淹七军之前，他率人查看地形，问于禁屯兵之所，左右答曰"罾口川"，他拈髯微笑，说"于禁必为我擒矣！"关平问何以知之，他说："鱼（于）入罾口，岂能久乎？"不够幽默吗？

舞台上，他情感丰沛。记得秦腔《单刀会》中他在船上有一段唱，最后面对滚滚长江喟然长叹：这不是江水，三十年流不尽的英雄血！这样的睹物思人、移情联想，与苏东坡"春色三分，二分尘土，一分流水。细看不是杨花，点点是离人泪"的词意足堪媲美。点点杨花离人泪，滚滚长江英雄血，他们一文一武，一细腻一雄豪，恰是相得益彰。

关羽与张飞、赵云等皆称万人敌，其威猛自不必说，但关羽似乎更加使敌人闻名丧胆。君不见，当阳桥头张翼德纵马挥矛，猛则猛矣，但还必得大喝三声，才能惊退曹操；汉水寨前赵子龙立马横枪，威则威矣，但也非要弓弩齐发，方可吓走魏军；惟独关羽，襄阳城外，骁将吕常的三千人马，只是远远望见绣旗飘飘之下，关云长横刀出马，立刻吓得弃甲曳兵、四散奔逃。在关羽身上，就必须用得着"神威凛凛"这四个字。

关羽一生，斩将无数，与别人不同，他的境界是一个"快"

字。自从虎牢关温酒斩华雄之后，白马坡的颜良、延津口的文丑、五关六将、秦琪蔡阳等，无不是宝刀一闪、人头落地，煞是个快！

其实，关羽杀人的真正境界，是不杀！所以不杀，或出于孤傲，或出于蔑视，或出于敬佩。战长沙黄忠落马，关羽不杀，只言换马再战，是出于孤傲；淹七军于禁乞降，关羽不杀，只说恐污宝刀，是出于蔑视；面对大义凛然的庞令明，关羽不杀，而是好言相劝，是出于敬佩。他最终还是杀了庞德，我想，惺惺相惜，他是不得不以这种极端的方式，成全了这位南安虎将的忠勇英名。关羽的不杀，全凭情之所系，并无半点功利目的，这又不同于他那位粗中有细的三弟，张飞义释严颜，总还是带有一点利用对方以迅速入川的策略味道。

关羽不杀境界的最高体现，是在华容道与曹操狭路相逢之际。曹操何许人？汉贼也！早在许田围猎之时，曹操欺君僭越，关羽即想杀之。曹操乃桃园兄弟的头号死敌，势所当杀；自己已经立下生死军令状，不得不杀。但是关羽的最终选择，却仍然是不杀！

记得小时候听外公讲三国，很是不解与遗憾，问外公关羽为什么不杀曹操，外公想了想说：如果这会儿就杀了，后面的故事还怎么讲？

关羽所以不杀曹操，是感念他当年的知遇之恩，还是看他狼狈不堪而心生恻隐？是，但恐怕不全是，最主要的，还是曹操说的那个"庾公之斯追子濯孺子"的《左传》典故打动了他。有人据此说关羽"守小义而误大事"。如果说"误",那只能说是《春秋》误了他。或许,他还没有了彻到辛弃疾"近来始觉古人书,信着全无是处"的境地。其实,综观稼轩一生,这不过是他的一句激愤之词,他和关羽一样,对于这"春秋大义",是无论如何不能不信的。

关羽不会后悔不杀曹操,也幸亏他当时不曾杀了曹操。试想,如果连关羽都无情无义,那么卷帙浩繁的廿四史,还有哪一章哪一节值得去读,哪一人哪一事值得去说呢?

有人说关羽之败在一个"骄"字,《三国志》就说他"刚而自矜"。我想,如果连关羽都不骄傲,那又有谁还配骄傲呢?

有人说你所谈都是演义,关羽只是那个脸谱化的关羽。我想,古往今来,哪个英雄哪个贼,是没被演义、没被脸谱化的呢?而且,在演义和脸谱化之后,或许我们根本无从知道,究竟谁是英雄谁是贼。

但我坚信关羽是个大英雄。关羽谥"壮缪",我一时找不到谥法,不知"缪"为何意,我想对他来说,一个"壮"字足矣。壮哉!关羽!

还是用我最喜欢的两副关庙对联来收尾——

其一:

赤面秉赤心，乘赤兔追风，间关中不忘赤帝；

青灯观青史，仗青龙偃月，隐微处无愧青天。

其二：

史官拟议曰矜，误矣！视吴魏诸人，原如无物；

后世尊崇为帝，敢乎？论春秋大义，还是汉臣。

说宋

　　文人们倒是因为皇帝的"不得杀士大夫及上书言事者"这一祖宗家法，一天一天优哉游哉地"任性"起来，造就了花团锦簇的文学成就和丰富多彩的市井生活，士大夫们无论在朝在野，无不畅快地赋诗、填词、作画、蹴鞠、唱曲、饮酒、冶游，真真令前人和后人羡慕煞！

　　平时乱翻书，大半与史有关。很长时间以来，一直就隐隐地感觉，较之之前的汉唐和之后的明清，宋代似乎在中国史上带有某种分水岭的味道。后来读到日本宫琦市定等人的中国史论著，是主张把宋代作为中国近代史开端的。

　　宋代（当然主要指北宋）的显著特点是经济和文化上的繁荣，政治总体上看也还算清明，军事上则完全不足道，这次读陈峰《生逢宋代：北宋士林将坛说》，进一步加深了这些印象。

　　经济上的繁荣与国家整体上内向化转型有关。汉唐皆有强烈的向外发展的倾向，汉征匈奴、开西域，"犯强汉者虽远必诛"，唐亦大力向西、向北发展。唐末中原大乱，五代时石敬瑭割幽云十六州给契丹，契丹与中原政权开始在河北之地对峙。宋太宗两次北伐失败，结束了汉唐向外发展之路，内部整顿和建设成为执政者关注的重点。这种内向化转型对华夏民族和中华文化来说，幸抑或不幸，恐怕殊难定论。西方的罗马正是亡于一意扩张、穷兵黩武，当把"别人"都变成"自己"的时候，"自己"也就无所谓"自己"了，这与把"自己"变成"别人"是一样的道理。

宋代政治上的清明与世卿世禄的终结和科举制度定型直接相关。上古三代，世卿世禄；秦汉以降，仍注重门第出身；魏晋南北朝，贵族把持朝政更甚；唐代科举虽然已经起步，但门阀士族仍拥有很大势力，甚至连皇帝也不被某些高门大姓放在眼里，唐文宗就曾感叹："民间修婚姻，不计官品而尚阀阅。我家二百年天子，顾不及崔、卢耶？"自宋代起，科举成为仕进的主渠道，所谓"英雄不问出身"，贵族子弟即使靠门第入仕，亦不过厕身下僚，几世下来也就不免沦为寻常百姓了，古人讲"君子之泽五世而斩""富不过三代"，大致始于宋朝。

中华民族文化的长期延续，一个重要的内生动力就在于较早地解决了社会阶层之间的上下流动问题。从长时段看中华文化一直延续，从短时段看又有那么多的改朝换代，究其原因，固然有统治阶层开始勤而俭、后来懒而奢的原因，但更主要的还在于：开国帝王为求治而广开贤路，形成人才辈出的局面，所谓"天下英雄入吾彀中"，将人才更多地纳入体制内，于是形成治世的局面；治世既久，社会阶层逐渐固化，权力和财富日益垄断于少数高层，而草根底层出人头地的路子越来越窄，久而久之，便有陈胜吴广之流起来高呼"王侯将相宁有种乎"了，接着乱世也就出现了。总之，只要保持一种正常的社会阶层流动机制，特别是让普通人感到有希望、有奔头，想不出现盛世也难；反之，如果贵者恒贵、富者恒富，特别是少数上层始终既富且贵，多数下层始终既贫且贱，此时凭你什么圣君贤相，世道想不乱也难。然而悲催的在于，上层往往不肯主动放弃既得的利益与地位，将手里的金饭碗捧得牢牢的，不愿他人来分一杯羹，于是众人便起来将那饭碗打破，大家一起重新洗牌，一切从头再来，一治一乱的悲喜剧也就一遍一遍地重演了。

宋承五代之乱，太祖以兵变起家，因此从一开始就有强烈的崇文抑武倾向，军人地位低下形同罪犯，所谓"贼配军"是也，沿袭日久，中国人日益"文"起来，而尚武之风日衰。有宋一代，没有出现汉之卫霍、唐之李郭那样的赫赫武功，相反，文人们倒是因为皇帝的"不得杀士大夫及上书言事者"这一祖宗家法，一天一天优哉游哉地"任性"起来，造就了花团锦簇的文学成就和丰富多彩的市井生活，士大夫们无论在朝在野，无不畅快地赋诗、填词、作画、蹴鞠、唱曲、饮酒、冶游，真真令前人和后人羡慕煞！

宋代的文人气壮胆肥，连皇帝的女人都敢泡。"二宋"中的小宋宋祁路遇乘车出行的宫女，四目相对之下，宫女惊呼一声"小宋也"，宋祁也不由地心生情愫，回家来辗转反侧，填《鹧鸪天》一阕：

> 画毂雕鞍狭路逢，一声肠断绣帘中。身无彩凤双飞翼，心有灵犀一点通。金作屋，玉为笼，车如流水马如龙。刘郎已恨蓬山远，更隔蓬山几万重。

仁宗读其词并知其事，说了一句"蓬山不远"，以宫女赐宋祁。宋祁将这美貌宫女接回家，每日里那一番旖旎风流自然不必细表，单凭这首词里的"心有灵犀一点通"和"车如流水马如龙"两句，再加上一句"红杏枝头春意闹"就足以流芳千古了。"红杏枝头春意闹"的"闹"字，堪与冯延巳"风乍起，吹皱一池春水"的"皱"、王荆公的"春风又绿江南岸"的"绿"、郑板桥"乱鸦揉碎夕阳天"的"揉"相媲美。诗词里的此等字眼儿，既要苦心经营，又要自然而然，若一味求奇弄险，就要流于做作了。

闲读陶庵遣有涯

愿倩人书"偷闲要紧"四字，悬于小轩，月夜雨夕，卧于榻上，读苏东坡、张宗子，真乃人生一大快乐事。

我爱读张岱的文字。以前反复读过《陶庵梦忆》和《西湖寻梦》，最近读到他的《琅嬛文集》，也是拿起来便放不下。

中国文脉，发轫于战国诸子，汉有马班，魏有三曹，唐有韩柳，宋有欧苏，可谓代有才人。宋以后理学肇起、科举大兴，文人妄论心性、空谈义利，纠结于天理人欲之间，一张圣人嘴脸越板越僵、越拉越长，中华文脉，几欲断绝。所幸明末清初，顾、黄、王一时奋起，嗣后新文化运动，全力张起科学、民主两面大纛，方才尽扫秕糠，将古老中华汇入现代化世界潮流，用白话文重新接续上绵绵两千年文脉。在这一过程中，至少有两次文学变革是具有革命性、拯救性的，一次是韩愈倡导的古文运动，"文起八代之衰"，一改六朝骈俪之风，让文章的"内容"重新战胜了"形式";第二次是从清初三儒直至新文化诸公,逐步从"代圣人立言"的死穴里跳出来,让"活人"重新战胜了"死人"。这其中,张岱以"空灵"为特征的小品文,具有一定的开风气之先的意义。

张岱生逢乱世,眼看国家糜烂、山河破碎,自身也从纨绔子弟而一落千丈,由潇洒少年变成衰朽老翁,这在他那篇自传里有精彩描述:"蜀人张岱,陶庵其号也。少为纨绔子弟,极爱繁华,好精舍,好美婢,好娈童,好鲜衣,好美食,好骏马,好华灯,好烟火,好梨园,好鼓吹,好古董,好花鸟,兼以茶淫橘虐,书蠹诗魔,劳碌半生,皆成梦幻,年至五十,国破家亡,避迹山居,所存者破床碎几,折鼎病琴,与残书数帙,缺砚一方而已。布衣疏食,常至断炊。回首二十年前,真如隔世!"也许正是这样巨大的生活落差,才成就了他笔下那些时而慷慨时而灰颓、时而激愤时而冲淡、时而气定神闲时而波谲云诡的文字。

张岱的文章,著名的是《梦忆》《梦寻》,其实这部文集也多有他的得意之作,我最喜欢的还是那几篇《传》。张岱作传,深得马班真传,往往寥寥数笔,人物的事迹性情,便纷纷跃然纸上。《五异人传》名气最大,而《余若水先生传》《鲁云谷传》也都是史家妙笔。

譬如,《鲁云谷传》一共五段,第一段写传主居住环境,第二段写其职业特长,第三段写性情爱好,第四段写他遽然而逝，第五段是作者论赞。仅用 800 字左右，便将传主的生平情趣和言行事迹活脱脱呈现出来。读罢想到：云谷生有张子为友，死有张子作传，此生亦足矣。

又如《王谑庵先生传》，于传主仕宦事迹全然不着一笔，通篇紧扣一个"谑"字，智谑大珰邢隆，勇谑奸臣马士英，读来使人大为快意。王思任晚年刻有《悔谑》一书，反悔自己"谑近于虐"的言行。其实，如此之谑，何悔之有？王思任与马士英书，载于计六奇《明季南略》，其中"夫越乃报仇雪耻之国，非藏污纳垢之地"一句，真可谓掷地有声。另外，张岱的几篇祭文也都是上等文字，与一般的诔墓之辞大不同，写得情真意切，读之使人泪落。

张宗子兴趣广泛，对于各种技艺都颇有心得。他主张艺术上的"练熟还生"："不能化板为活，其弊也实；不能练熟还生，其弊也油。弹琴者，初学入手，患不能熟；及至一熟，患不能生。夫生，非涩勒离岐、遗忘断续之谓也。……非十分纯熟、十分淘洗、十分脱化，必不能到此地步。盖此练熟还生之法，自弹琴拨阮、蹴鞠吹箫、唱曲演戏、描画写字、作文作诗，凡百诸项，皆藉此一口性气。得此生气者自致清虚，失此生气者终成渣秽。"昔人论书法，有"宁涩勿滑"之说。大凡艺术，熟而生巧，不过匠者；熟而后生，方为大师。所谓练熟还生，正是纯熟之中的一点朴拙，而这种朴拙是自然而然的，若是刻意为之，则为做作。

　　张岱小品，以空灵见长，但这空灵不是空泛，更不是矫情，他说："天下坚实者空灵之祖，故木实则焰透，铁实则声宏。"他认为诗也以空灵为妙，对于什么是"空灵"，他举王摩诘《过香积寺》"泉声咽危石，日色冷青松"两句为例，说："泉声、危石、日色、青松，皆可描画，而'咽''冷'二字，则绝难画出。"所以，空灵就蕴藏在平凡之中，于平凡之中独具只眼，见出他人所不见的一点奇趣，大概也就是"空灵"了。

　　张岱对世间万事，都充满了好奇和兴趣，既包括家国天下，也包括许多"无益之事"，他说："世间有绝无益于世界、绝无益于人身，而卒为世界、人身所断不可少者，在天为月，在人为眉，在飞植则为草木花卉，为燕鹂蜂蝶之属。若月之无关于天之生杀之数，眉之无关于人之视听之官，草花燕蝶无关于人之衣食之类，其无益于世界、人身也明甚。而试思有花朝而无月夕，有美目而无灿眉，有蚕桑而无花鸟，犹之乎不成其为世界，不成其为面庞也。"清人项鸿祚说："不为无益之事，何以遣有涯之生。"读张岱的此类文字，大概也属于"无益之事"，无关乎安身立命，无关乎世道人心，不过聊以遣有涯之生耳。

　　愿倩人书"偷闲要紧"四字，悬于小轩，月夜雨夕，卧于榻上，读苏东坡、张宗子，真乃人生一大快乐事。

　　张岱有句名言：人无癖不可与交，以其无深情也；人无疵不可与交，以其无真气也。他本人正是有癖有疵真性情之人。张岱之文，典雅博洽，但恨鄙人才疏学浅，读来尚多有古奥难解之处。掩卷痴想：若能得十年闲暇，款款地为其作一细细的注疏，亦不枉为张子四百年后一知音。这里先抄并略注一段：

游山小启

幸生胜地，鞋靸（音 sǎ，类拖鞋，此处泛指鞋。）下饶有山川；喜作闲人，酒席间只谈风月。野航恰受，不逾两三（语出杜甫《南郊》：秋水才深四五尺，野航恰受两三人。）；便榼（音 kē，盛酒器具。）随行，各携一二。僧上兔下，觞止茗生。谈笑杂以诙谐，陶写赖此丝竹。兴来即出，可趁樵风（指顺风、好风，典出《后汉书·郑弘传》。）；日暮则归，不因剡（音 shàn，地名，今浙江嵊州。剡雪，典出《世说新语》王子猷雪夜访戴故事。）雪。愿邀同志，用续前游。

凡游以一人司会，备小船、坐毡、茶点、盏箸、香炉、薪米之属。每人携一篮、一壶、二小菜。游无定所，出无常期，客无限数，过六人则分坐二舟，有大量则自携多酿。

可惜晚生了 400 年，无法报名参加这种自助游了。不过，即便早生 400 年，似我这般俗人，恐怕也不具备报名资格吧？

不必读《不必读书目》

> 与其说他谈的是哪些书"必读"或者"不必读",不如说是关于究竟应该怎么读。我以为,如果读而不得其法,那么一切书都不必读。

买下刀尔登《不必读书目》这本书,当初的想法或许是"真诚"的,以为可以作为今后选择读本的指南,甚至当作清理书架的依据:某些书既然不必读,当然也就不必买、不必存了。其实我明明知道——连作者也已经不打自招了——"不必读"这样的题目,是"有一点危言耸听"的。与其说他谈的是哪些书"必读"或者"不必读",不如说是关于究竟应该怎么读。我以为,如果读而不得其法,那么一切书都不必读。

过去中国人在写作和阅读上有两个坏传统。一个坏传统是相信"文如其人",所以"道德"与"文章"必然并举,既然是圣人,那文章一定是好的;既然"良心大大地坏了",那文章一定是毒草。这个传统带来两个后果: 是"好书"少:圣人的文章都是

"一掴一掌血、一鞭一条痕的"，半部《论语》便可治天下，因此不需要很多；凡人的文章纵然不太坏，也不过是些个"杂览"，因此更不需要很多。二是"假书"多：既然文章就是道德，那么想成圣人的必须按圣人之道去做文章，于是把自己的书当作救济世道人心的良方秘籍。其实，没写出好文章的未必就没有"道德"，也许他是不善于甚至干脆就不屑于写；写出好文章的也未必就有真"道德"，须知文章都是写出来给别人看的，即使"藏之深山"，终究希望"传于后人"。"道德文章"并举的结果是，真"道德"不见其多，假"文章"在在皆是；恰恰因为缺乏真"道德"，所以就更加需要假"文章"。

另一个坏传统是相信"微言大义"，圣人的一言一词，或许都有无限善意，非深加体会不可；凡人的一字一句，或许都有无穷歹意，非详加甄别不可。这个传统也带来两个后果：一是"废书"多，既然圣人已经将真理穷尽，而且"六经皆史"，一切学问都只能也必须要往深了作，于是索引、考据之风盛行，一部书可以养活无数人。二是"禁书"多，既然"一切历史都是当代史"，清风明月都可以阐发出"诛心之论"，无论文学、史学，用意都在于影射，都是政治学，自然不可不多加小心。禁书之法大体有三：上策是火烧，中策是删改，下策是批倒批臭。

这两个坏传统，使作者有教育癖，读者有被教育癖，无论是写还是读，都需要板起面孔，双方共同将阅读变得无趣。刀尔登写道：

"中国的古代著作，确实有很多好道理……甚至还有些让人微笑的作品，但要想找到一种让人捧腹大笑，笑得打滚，笑出眼泪的作品——我找过，门儿也没有，究其原因，或者是好玩的人都不著书立说，或者是写文章的人本来也好玩，但一拿起笔来，他的那些有趣的品质立刻被压制住了，换上哀哀欲绝的、大义凛然的，或深谋远虑的，反正是专门和有趣对着干的性情，偶尔开一点玩笑，也像是在葬礼上试图说几句轻松的话，我们这些听众，把嘴角捧场地翘起来，心中确是悲痛万分。"

刀尔登的书，"有趣"是重要品质之一，当然在很不深刻的我看来，他的很多议论也很"深刻"，但他没有让这种"深刻"遮蔽了"有趣"。有时尽管他貌似在发着一些"深刻"的议论，但我仿佛能看到躲在文字背后的那一脸坏笑。

"不必读书目"，这个说法是"骗人"的。其中的很多篇，虽然都题为"不读"，读下来会知道那是"必读"的。其实话说回来，"必读书目"固然是不必读的，"不必读书目"也同样不必读。因为，如果你相信了某些书是"必读"的所以就真的只读这些书，或者如果你相信了某些书是"不必读"的所以就真的不读这些书，那你永远也不会知道究竟哪些书"必读"而哪些书"不必读"。

读了《不必读书目》，信了，那你就上了他那厮的当；读了《不必读〈不必读书目〉》，信了，那你就上了区区在下的当。

峻峭的话

　　冠冕的话，是人人皆知多数人实做不到、但是大多争相言之；"愤青"的话，是人人皆知多数人不过如此，只是大多不予明言。冠冕堂皇的话容易，愤世嫉俗的话也容易，只是"悠然深味"的峻峭话难。

　　峻峭，用来形容语言文字，是说语短意长、悠然深味者。明人陶宗仪在《辍耕录》里说："跋语不可多，多则冗，尾语宜峻峭，以其不可复加之意。"

　　峻峭的话，有的看似无理，但却蕴含一丝哲理。清人项鸿祚那句"不为无益之事，何以遣有涯之生"，是一等一的峻峭话。此语脱自《庄子》"吾生也有涯，而知也无涯，以有涯随无涯，殆已"，庄生的话本已峻峭，几乎是与孔子惜时进取的"川上之叹"唱反调，项生则更进一步，以有涯之生为难遣之事，更以"无益之事"充之。昔人有言，"有关家国书常读，无益身心事莫为"，此话固然正当，说得多了，也不免有些乏味。人的理性，原本有限，于人于己，都不可希望过高，允许有人偶以"无益之事"消遣"有涯之生"，未必不也是一种理性。

峻峭的话，往往达观。东坡多峻峭语，如《松风亭》："余尝寓居惠州嘉佑寺，纵步松风亭下，足力疲乏，思欲就亭止息。望亭宇尚在木末，意谓是如何得到？良久，忽曰：'此间有甚么歇不得处？'由是如挂钩之鱼，忽得解脱。人若悟此，虽兵阵相接，鼓声如雷霆，进则死敌，退则死法，当恁么时，亦不妨熟歇。"一句"此间有甚么歇不得处"，一句"亦不妨熟歇"，真是峻峭。

峻峭的话，大多有趣，但趣而不谑，不同于搞笑，类似于冷幽默，即使在会场上对一群人讲，引起的也不是哄堂大笑，那笑声仅如微风拂过水面，而笑意却在听者的唇边久久不能隐去。钱钟书《围城》里此类峻峭的话颇多。赵辛楣感喟："中国真是厉害，天下无敌手，外国的东西，来一件，毁一件。"鸿渐问辛楣自己一路上是否令他讨厌，辛楣答"你不讨厌，可全无用处"，鸿渐闷闷不乐，想不通说话坦白为何算是美德。汪先生说自己年轻的时候是出了名的老实人，汪太太不屑：你年轻的时候？我就不相信你年轻过。凡老夫之少妻，读到此处莫不深深会意。"烤山薯这东西，本来像中国谚语里的私情男女，偷着不如偷不着，香味比滋味好"，自从读了这句，每次路过烤红薯的摊子，都感觉那空气中的香味有些暧昧。

峻峭的话，语短意长，一语及的，有时往往出自无大学问者之口。《红楼梦》里凤姐"大有大的难处""不是东风压倒西风，便是西风压倒东风"者皆是。《水浒》里的峻峭话也是粗鲁的鲁智深、李逵说的。鲁智深说诏安不济事，"就比俺的直缀，染做皂了，洗杀怎得干净。"柴进的叔叔受殷天锡欺负，李逵想要动武，柴进说现放着朝廷明明的条例，和他打官司。李逵却道："条例，条例，若还依得，天下不乱了。"

峻峭的话，也需视对象，不可一味峻峭。《三国演义》里曹操多疑，常恐人暗害，说自己会梦中杀人。某日昼寝，被子落地，一内侍取而覆之，曹操跃起，拔剑杀之，然后又睡，醒来却佯说是梦中杀人。杨修多口，说丞相非在梦中，而是汝等在梦中也。此话加速了杨修之死。靖难之役后，朱棣屠戮建文诸臣，命方孝孺草诏，声言不从便诛其九族。孝孺说"诛十族奈我何"，果然引来十族之诛。在暴君和枭雄面前，还是少讲此类峻峭的话，那样往往会惹动杀机。

峻峭的话，大多平常。张岱《湖心亭看雪》中，峻峭的不是"天与云与山与水，上下一白，湖上影子，唯长堤一痕，与湖心亭一点，余舟一芥，舟中人两三粒而已"，反倒是那句："及下船，舟子喃喃曰：莫说相公痴，更有痴似相公者。"峻峭的话，有时于不经意间歪打正着。浦江郑氏，累世聚族同居，历数百年。朱元璋与马皇后谈及此事，皇后说郑氏僻居江南，担心聚众生事。朱元璋心中生疑，于是召见郑氏族长，问他一族团结和睦的原因。郑氏答道：无他，只是不听妇人言耳。朱元璋大笑放归，赐匾"江南第一家"。

吴佩孚说过几句峻峭的话。有个贪官写信给他，谋求河南某官职，吴大帅于信上批道：豫民何辜。某军官写信声称，愿为前部，效死沙场，功成退隐，植树造林，造福乡里。大帅再批：且去种树。一美女心仪大帅，写情书示爱，获批又是四字：老妻尚在。峻峭的话虽大多简短，但也可不必，庄子《逍遥游》句句峻峭，甚至《庄子》全书，可谓通篇峻峭。

《论语》里的话大多堂皇、平正，偶尔也有"愤青"的话，"吾未见好德如好色者也""唯女子与小人为难养也""斗筲之人何足算也"便是，只是没有峻峭的话。冠冕的话，是人人皆知多数人实做不到、但是大多争相言之；"愤青"的话，是人人皆知多数人不过如此、只是大多不予明言。冠冕堂皇的话容易，愤世嫉俗的话也容易，只是"悠然深味"的峻峭话难。

本想用句峻峭的话来解说"峻峭的话"，但百思而不得，看来，峻峭的话当不可峻峭言之，也只得罢了。

（明）陈洪绶《饮酒读骚图》（局部）

第二辑

经典常新

儒家倡导的君子人格诸多要素中，有很多"跨越时空、超越国度、富有永恒魅力"的文化精神，作为炎黄优秀子孙的中国共产党人，最有理由把这些文化精神继承下来、传承下去。当然，这种继承必须像习近平同志反复强调的那样，要进行"创造性转化和创新性发展"，赋予其新的时代内涵，对其进行当代化表述。

学马列要精

> 要想"系统地而不是零碎地"掌握它，就必须向书本学、向老师学，原原本本、仔仔细细地学；要想"实际地而不是空洞地"掌握它，就必须在实践中学、向实践学，老老实实、融会贯通地学。

马克思主义是我们党根本的指导思想，党员特别是领导干部必须要学好马列。但问题是，怎样才能学好马列呢？对此邓小平同志给出了一个答案，那就是：学马列要精，要管用。那么，现在的问题就是：学马列怎样才能"精"和"管用"呢？

邓小平同志在 1992 年南方谈话中说："学马列要精，要管用的。长篇的东西是少数搞专业的人读的，群众怎么读？要求都读大本子，那是形式主义的，办不到。我的入门老师是《共产党宣言》和《共产主义 ABC》。最近，有的外国人议论，马克思主义是打不倒的。打不倒，并不是因为大本子多，而是因为马克思主义的真理颠扑不破。实事求是是马克思主义的精髓。要提倡这个，不要提倡本本。"

习近平同志2009年在中央党校谈领导干部读书问题的讲话中，谈到"学马列要精"的问题，但更多的是强调了研读原著的重要性，他说："领导干部在研读当代中国马克思主义理论著作的同时，要追根溯源，认真学习马克思列宁主义经典作家的著作，认真学习毛泽东同志的著作。读马列、学毛著，要精，要原原本本地学、仔仔细细地读，下一番真功夫。"

有的同志或许会问：这些要求是矛盾的吗？到底怎么学马列才算"精"呢？

这里涉及对待马列主义、对待马列著作的正确态度和科学方法问题。这种态度和方法，其实就是毛泽东同志《论新阶段》里那段广为人知的话："如果我们党有一百个至二百个系统地而不是零碎地、实际地而不是空洞地学会了马克思列宁主义的同志，就会大大地提高我们党的战斗力量。"简单地说就是"系统地而不是零碎地、实际地而不是空洞地"，邓小平和习近平同志是在不同的背景下、针对学马列中存在的不同问题而各有侧重罢了。

邓小平同志讲那番话，大背景是在20世纪80年代末90年代初，东欧剧变、苏联解体，国内改革开放十多年，在取得巨大成绩的同时也存在这样那样的一些问题。在这样的背景下，一些人开始质疑十一届三中全会以来党的理论和路线，特别是离开发展生产力抽象谈论社会主义，有的人找出马列主义"大本子"里的一些理论观点，对经济特区、市场经济等提出"姓资"还是"姓社"的问题。小平同志正是针对这些质疑，旗帜鲜明地再度重申我们党实事求是的思想路线，并且正式提出了"三个有利于"标准。很显然，"三个有利于"不是"大本子"里的原话，但却完全符合"大本子"的精神。他讲的学马列要精，强调的是要把握和运用马列主义的精髓，他斥为形式主义的是要求群众也都去读"大本子"，而对于领导干部，他在不同时期也多次强调过要研读马列和毛泽东原著的。

习近平同志"读马列、学毛著，要精"，针对的是一些领导干部存在不好读书、不勤读书、不善读书、学用脱节现象，以及有的干部存在读不读书"差不多、无所谓、顾不上、会吃亏"等错误思想观念，因此才强调对马列著作"要原原本本地学、仔仔细细地读，下一番真功夫"。他的这番话是在中央党校对党的中高级领导干部讲的，其实毛泽东同志的那段话也是对领导干部讲的，虽然之前的那一句人们引用时往往省略掉了："在担负主要领导责任的观点上说"云云。

由此可见，两位领导人虽然都讲"学马列要精"，但由于讲话的背景不同、想要解决的问题和针对的对象不同而各有侧重，一个突出了"实际地而不是空洞地"，一个突出了"系统地而不是零碎地"，共同道出了学马列的正确态度和科学方法。对此，我们也应该全面而正确地把握，认识到其精神实质的连续性和一致性。

对待马列主义，态度和方法的确是一等一重要的问题，至少应当注意克服三种错误倾向。第一种是教条主义的态度和方法。有的人不是把马列主义当作一个发展、开放的科学体系，而是看作亘古不变的终极真理，当作包治百病的灵丹妙药，将经典作家在特定时间和特定背景下、针对特定问题得出的特定结论一般化了，机械地照抄照念、照搬照套。有这种倾向的往往是那些所谓"百分之百的布尔什维克"，马列原话背得多，动不动就拿"大本子"压人。这种教条主义在中国革命和建设中曾经多次造成很大的危害。

第二种是虚无主义的态度和方法。有的人认为，既然马恩预言的资产阶级必然灭亡一直没有实现，既然他们的一些观点、一些结论在今天看来已经不那么适用甚至不那么成立，因此就断言他们从一开始就搞错了。也有的人认为，尽管经典作家的理论在当时是正确的，但现在情况已经发生了根本的改变，因此马列主义已经过时了。有这种倾向的人往往将西方的某些东西视为圭臬，认为西方的那一套才是普世价值、普遍模式，进而要求中国改旗易帜、改弦更张、全盘西化。这种主张在一定时期也造成了一定的危害。

还有第三种比较隐蔽的错误倾向，一时无以名之，姑且叫作实用主义的态度和方法。有的人并没有真正地搞懂、弄通马列主义的科学原理和理论精髓，而只是记得一些马列词句，甚至"急用现学"，借助互联网搜索引擎查找几句马列词句，在自己写文章、做报告时"树招牌""充门面"。也有的片面地理解甚至有意无意地曲解一些马列词句，将这些词句拉来做自己肤浅甚至不一定正确的思想观点的"挡箭牌""遮羞布"。坦率地讲，我们不少同志有时也包括笔者自己，都经常容易出现这种错误倾向。这种倾向看似无伤大雅、危害不大，但久而久之也会给理论宣传和实际工作带来一些不良影响。

上述三种错误倾向的"病根"，一言以蔽之都是"不精"，要么是没有精心、认真地学习马列，要么是没有从精髓、从实质上学懂马列，没有真学真懂，当然也不可能真信、真用。

我们说要用马克思主义的态度对待马克思主义，要想学得"精"，还是要回到正确的态度和科学的方法上来。马列主义是真理，真理都是朴素的，但无论如何也没有"朴素"到不学自懂、一学就通的程度。要想"系统地而不是零碎地"掌握它，就必须向书本学、向老师学，原原本本、仔仔细细地学；要想"实际地而不是空洞地"掌握它，就必须在实践中学、向实践学，老老实实、融会贯通地学。学马列要想"管用"，还是要从我国基本国情这个现实出发，从我们正在做的事情出发，确立无产阶级和人民大众的立场，掌握辩证唯物主义和历史唯物主义的方法，将那些已经经受实践检验的基本观点，放在实现"两个一百年"奋斗目标和中华民族伟大复兴"中国梦"的实践中继续经受检验。学马列要想"精"和"管用"，没有什么"终南捷径"，用马克思自己的话来说就是：在科学上没有平坦的大道，只有不畏劳苦，沿着陡峭山路攀登的人，才有希望达到光辉的顶点。

读《论十大关系》，学辩证思维

> 辩证法有魅力，学会用好了可以终其一生受益。辩证法说起来容易做起来不易，要想真正学会用好它，或许也要有终其一生的准备。

《论十大关系》，是毛泽东探索中国社会主义建设的一篇重要文献，是体现毛泽东思想光辉的经典文献。因为它是立足中国实际、深入调查研究的一个典范，其"调动一切积极因素"的基本方针和提出的一系列重要问题至今仍需要高度重视。除此之外，更重要的在于贯穿于其中的辩证法思想，是我们共产党人特别是领导干部应当始终坚持的思想方法和工作方法。

领导工作虽千头万绪，但大体离不开计划决策、组织指挥、协调沟通、监督控制这几个主要的方面，而在这些工作中总会要面对很多矛盾和问题，矛盾和问题经常表现为各式各样的关系，所以领导的职责就是要处理好这些关系。要处理好各种关系，领导干部必须有正确的思想方法和工作方法，根本的是要学习掌握和正确运用辩证思维，这可以从《论十大关系》等经典著作中找到理论资源和思想养料。

先说计划决策。从根本上看，计划决策不过是在不同目标之间进行取舍、特别是在多个目标之间进行排序的问题，实际上就是一个正确处理先与后、主与次的关系问题。《论十大关系》中讲到，"重工业是我国建设的重点""国防不可不有"，但如果没有农业和轻工业的发展，重工业就是无源之水；不把经济建设搞好，国防建设就是无本之木。这其实是用辩证法联系的观点看待各个目标。不同目标之间有时看似彼此孤立，而实际上往往存在相互制约又相互促进的关系，不能进行简单的取舍，而必须分清主次、排出先后。有时为了主要目标甚至必须暂时放弃次要目标，更多的时候为了最终达到一个主要目标，则必须首先实现若干次要的目标，至于具体怎样取舍，要根据实际情况做具体的分析。毛泽东关于重工业与农业和轻工业、沿海工业与内地工业、经济建设与国防建设关系给出的先后次序，都是基于"新的侵华战争和新的世界大战，估计短时期内打不起来"这一前提的，这其实又体现了辩证法用运动变化的观点看事物的要求。总之，计划决策一般不会像学生考试的单选题，要么A、要么B，而是要在各项目标之间对既定资源进行权衡配置，恰当地排出一个优先次序，这个次序也并非一排定终身，还要根据实际情况的变化适时进行必要的调整，"一切以时间、地点和条件为转移"。古人说的"两害相权取其轻，两利相权取其重""此一时也，彼一时也"等，也包含有这个意思。

其次是组织指挥。这里关键是领导干部自己"怎么摆"的问题，也就是说，要处理好掌握全面与抓住重点的关系，既不能像姜子牙，只是站在云端挥动杏黄旗；也不能像土行孙，随便找个地方便一头扎进去。全面与重点的关系在《论十大关系》中涉及不多，但在毛泽东其他文章中则多有论述，他在《党委会的工作方法》中强调"学会弹钢琴"，要求"党委要抓中心工作，又要围绕中心工作而同时开展其他方面的工作"；后来在其他的时候又讲过要防止"多端寡要"，强调"没有重点就没有政策"。在《关于领导方法的若干问题》中，他将"一般与个别相结合"作为共产党人两项基本的工作方法之一，强调若没有一般号召就不能动员群众，若只有一般号召而没有深入实际取得个别经验，就不能检验一般号召是否正确，就有使一般号召落空的危险。这些都应该在我们处理掌握全面与抓住重点的关系时所领会和实行。既要防止不分主次平均用力，那样必然疲于奔命；又要防止攻其一点不及其余，那样必然挂一漏万。

第三是协调沟通。对于领导干部来说，需要协调沟通的内容很多，但核心是协调各种利益、沟通各种诉求，尤其是要协调沟通好整体利益与局部利益、这一部分利益与那一部分利益之间的关系。在《论十大关系》"国家、生产单位和生产者个人的关系""中央和地方的关系"中，对于如何统筹协调好各方面利益、充分调动各方面积极性都有充满辩证思维的论述。

目前，从宏观层面来看，我国社会利益主体多元化以及财富分配差距拉大的问题十分明显，一定意义上出现了利益固化和贫富悬殊的问题。这不仅关系到社会是否和谐，特别是关系到能不能有效凝聚社会共识、共同为"两个一百年"和"中国梦"目标而奋斗的问题。解决这个问题最终要靠改革，特别是要打破利益固化格局，关键是辩证地处理好效率与公平、政府与市场的关系。既然我们要发挥市场在资源配置中的决定性作用，那么相应地就应该发挥市场在社会基本利益分配中的决定性作用；既然我们要更好地发挥政府的作用，那么就主要应该体现在运用法制手段和再分配机制，取缔非法收入、调节过高收入、保障最低收入。概括起来就是：做大中间，调节两头，前者主要靠市场，后者主要靠政府。在这个问题上必须防止走极端和左右摇摆，无论是重回过去的平均主义"大锅饭"，还是听任差距继续扩大造成社会利益鸿沟，都不符合我们的社会主义性质，甚至会犯下颠覆性错误。

从微观层面来看，领导干部在面对本地区、本部门、本单位各种利益和各种诉求时，也必须坚持辩证思维，讲究统筹兼顾。比如在使用干部问题上，既要大力选拔使用优秀年轻干部，也要注意发挥各年龄段干部的积极性；既要坚持群众公认，但也不能简单以票取人，关键看一贯表现和工作实绩；对待干部的工作业绩，既要考察本人努力程度和取得的实际效果，也要看到过去基础和工作性质的差别。当然，在干部问题上讲究辩证思维的统筹兼顾，要与无原则的"摆平""搞定"等庸俗关系学区别开来，比如，要坚持正确的上下结合、民主集中，既要防止不讲民主的"一把手"专断，也要防止不讲集中的五马分肥、平衡照顾。

第四是监督控制。决策有了，指挥到位了，利益也协调了，现在就要使组织像机器一样运转起来。但组织毕竟不同于机器，并不能完全地自动化运转，而是经常要面对各种积极因素与消极因素、有利条件与不利条件，需要领导干部通过激励和约束机制来保证其正常运转，这就是监督控制的基本功能。这里的关键是辩证地看待"好"与"坏"，坚持"两点论"和"转化论"。

在《论十大关系》中，对于"党和非党的关系""革命和反革命的关系""是非关系"，毛泽东都根据当时的实际情况，极其辩证地作出了深刻论述，总的思想是最大限度地调动一切积极因素。辩证法认为，世界上没有绝对的"好"，也没有绝对的"坏"，"好"与"坏"往往共生一体，而且在一定条件下可以互相转化。既然共生一体和相互转化，就要避免片面化、绝对化，要注意激励"好"的，约束"坏"的，特别是要通过正确的激励和约束，防止"好"的变成"坏"的，促成"坏"的变成"好"的。

　　这里只举一个简单的例子。我们说一个干部是好的，一般是说他总体上是好的，当然也不是完美无瑕；说一个干部不好，那往往只是说他某些方面不够好，但也不是一无是处，关键是怎么激励和约束他们。一般情况下是不是可以这样说：表扬人不妨"上纲上线"一点，批评人不妨"就事论事"一点。对于偶尔配合其他部门工作的，完全可以从大局意识、担当精神的高度来肯定他，这样往往就会增强他讲大局、重担当的自觉性，今后经常主动地配合其他部门工作；而对于偶尔的工作态度问题和一般性的工作失误，不要轻易上升到"品格"和"能力"的高度去批评，以免造成更大的感情隔膜，不利于促进他的转化和进步。当然，对于确实犯了原则性错误的，也绝不能大事化小、护短手软，另外也要与旧式的"羁縻""笼络"之术区别开来，出以公心，光明正大。

　　辩证法有魅力，学会用好了可以终其一生受益。辩证法说起来容易做起来不易，要想真正学会用好它，或许也要有终其一生的准备。

党性修养与"君子人格"

子曰："志于道，据于德，依于仁，游于艺。"这是儒家对于君子人格的规定性表述之一，完全可以将其转化和发展为当代中国共产党人的党性人格追求。

中国共产党是中国特色社会主义事业的领导核心，这就要求她的党员不仅要坚定理想、牢记宗旨、守纪律、能战斗，而且要保持高尚的道德品质，尤其是党员领导干部，必须将党性原则与人格魅力统一起来，才能更好地履行领导职责。中国共产党是中国工人阶级的先锋队，同时也是中国人民和中华民族的先锋队，这就要求她的党员要将无产阶级的先进性与中国人的民族精神统一起来，不仅成为由科学理论武装起来的合格党员，而且要做一个中华优秀传统文化浸润的堂堂君子。

儒家高度重视君子人格养成，"君子"是极富东方色彩的文化精神符号。应当看到，儒家倡导的君子人格诸多要素中，有很多"跨越时空、超越国度、富有永恒魅力"的文化精神，

任薰 1877 年作《抚琴》

作为炎黄优秀子孙的中国共产党人，最有理由把这些文化精神继承下来、传承下去。当然，这种继承必须像习近平同志反复强调的那样，要进行"创造性转化和创新性发展"，赋予其新的时代内涵，对其进行当代化表述。

山东曲阜孔子研究院里有两通高大石坊，上面写着"志道据德""依仁游艺"这八个字，取自《论语·述而》："子曰：志于道，据于德，依于仁，游于艺。"这是儒家对于君子人格的规定性表述之一，今天，我们可以取其精华、去其糟粕，赋予其新的时代内涵，转化和发展为当代中国共产党人的党性人格追求。

志于道。道者，大道也。"大道之行也，天下为公"，儒家的大道就是大同理想，我们党早就用"大同"这一概念来中国化地表述共产主义理想社会了，这正是一种"创造性转化"。坚定理想信念是党性的首要要求，共产党员要将共产主义大同理想这个大道，将实现"两个一百年"奋斗目标和中华民族伟大复兴的中国梦这个大道，牢固地记在心里，自觉地扛在肩上。要把远大理想与现实目标结合起来，善于从现实问题出发，以我们正在做的事情为中心，志存高远，脚踏实地。志于道者安于道，"士志于道，而耻恶衣恶食者，未足与议也"；志于道者守于道，"道也者，不可须臾离者也，可离非道也"；志于道者乐于道，"饭疏食，饮水，曲肱而枕之，乐亦在其中矣"。必须将个体人生与党的事业高度统一起来，不因一时得失而动摇，不为个人名利而迷茫，始终保持积极进取、乐观向上的人生态度。

据于德。德行是"君子"第一位的品格要求，"立德"在"人生三不朽"中居于"太上"的首要位置，而"德才兼备，以德为先"正是党长期坚持的干部标准，党员特别是领导干部一旦失德，就会给党的形象造成损害。在"德"的问题上，要坚持知行合一、言行一致、表里如一。儒家将"智仁勇"称为君子"三达德"，称"孝悌忠信礼义廉耻"为"人生八德"，共产党人的君子之德，也包括"智"这个实事求是的科学态度，"勇"这个一往无前的担当精神，"孝"这个尊老爱幼的传统美德，"忠"这个坚贞爱国的民族气节，"礼"这个立身处世的规矩意识，"廉"这个为官从政的自律底线，这些都应该成为当代中国共产党人的道德追求。

依于仁。"仁"是儒家的基本价值，仁者爱人，推己及人，"己所不欲，勿施于人""己欲立而立人，己欲达而达人"。"仁"的理念完全可以"创新性发展"为全心全意为人民服务的宗旨。仁者，对人要有一副别样柔软的心肠，共产党人就是要把内心深处那片最柔软的地方留给人民，始终对人民的疾苦感同身受，始终将人民对美好生活的向往作为自己的奋斗目标。民心向背决定兴亡成败，是所谓仁者无敌。为民宗旨必须始终牢记，"君子无终食之间违仁，造次必于是，颠沛必于是。"人民利益高于天，共产党人应牢固树立为人民牺牲奉献的精神，"志士仁人，无求生以害仁，有杀身以成仁。"为民服务是随时随地的，"仁远乎哉？我欲仁，斯仁至矣。"

游于艺。孔门六艺，礼乐射御书数，都是实践性的本领。共产党人的"艺"就是为人民服务的知识、技能和本领。艺者有六，领导干部要处理好"专"与"博"的关系，除了要有一两门立足本职、得心应手的"看家本领"以外，要做好领导工作，还总得有些科学素养、历史积淀、哲学思辨、人文精神。若满足于一"艺"一"术"，那便跌入了"器"的层面。儒家"六经"亦称"六艺"，《诗》《书》《礼》《乐》《易》《春秋》，"温柔敦厚，诗教也；疏通知远，书教也；广博易良，乐教也；洁净精微，易教也；恭俭庄敬，礼教也；属辞比事，春秋教也"，应该努力培养起自己的"诗书宽大之气"。"艺"还可以引申为"艺术"，领导干部也应该有自己的生活情趣和艺术审美，用"弦歌雅乐"来净化心灵、陶冶情操。偶有闲暇，亦不妨追寻庄子做一番"逍遥游"，跟随陶潜唱一回"归去来"，与东坡一起"竹杖芒鞋"，去领略那"也无风雨也无晴"人生意境，养成进退有据、达观知止的平和心态。

总之，坚定理想信念，提升道德品质，牢记为民宗旨，增强工作本领，这就是时代化了的志道、据德、依仁、游艺，真正做到了就可以实现党性原则与君子人格的高度统一，成为一名既富有中国气派又洋溢时代精神、"文质彬彬"而又百折不回的当代中国马克思主义者。

孔子的思想

《论语》里许许多多的"子曰"早已成为我们日用不知的习语熟语，虽然时代变了，但是孔夫子的思想仍然或多或少地影响着我们的生活。

中国人都有《论语》基因。

学而时习之；有朋自远方来；三人行必有我师；知之为知之；君子坦荡荡；名不正，言不顺；父母在，不远游；温故而知新；三思而后行；言必信，行必果……这些我们耳熟能详的话都出自《论语》。

作为一名中国人，谁要说自己没听过或不知道《论语》里的一两句话，说出来一定没人信。《论语》里许许多多的"子曰"早已成为我们日用不知的习语熟语，虽然时代变了，但是孔夫子的思想仍然或多或少地影响着我们的生活。

孔子在世的时候，郁郁不得志，他的许多主张根本不为当时的统治者所接受，这与他所处的时代背景有关。

一是宗法封建制不可持续。他的理想是想恢复到周初分封建国那样一个状态，实际上当时已经很困难了，因为那需要层层的分封。中国历史的核心矛盾是人和地的矛盾，人口繁衍越来越多，而土地只有这么多。分封贵族三妻四妾，生的孩子多，分不过来。而且时间越长，人的血缘关系越淡薄，所以原来宗法的血缘的关系难以持续。

二是社会秩序大乱。周天子的地位和周初完全不同，已经无法统驭诸侯，诸侯国之间战争频繁，没有一次正义战争，后来说法叫"春秋无义战"。

三是等级秩序大乱，诸侯国里边，陪臣执国命，下边这些大夫们篡了权，弑逆事件迭起，《史记》记载说"弑君三十六，亡国五十二"，就是在春秋那几百年，弑君的有三十六，亡国有五十二。在这样的背景下，孔子主张的尚古主义、礼乐秩序、等级制度、仁义道德等等，在当时实际上是行不通的，所以他才到处碰壁。

但是孔子的思想里有一些是具有永恒价值的，概括一下，叫作理性的、现世的、人本的。

"理性的"——孔子不怎么讲鬼神，在那个年代非常之难。有人问他关于鬼神的事，他从来不正面回答，说："未能事人，焉能事鬼""未知生，焉知死"。连人间的事还没搞清楚，还去关心鬼的事；连怎么活还没搞清楚，还关心怎么死。敬鬼神而远之。庄子说这叫作"六合之外，圣人存而不论"。经验以外的东西，有没有、存不存在，不敢肯定，存而不论，先存疑放在那儿。欧洲摆脱神权思想，大家想要到多久以后？要一千好几百年以后，文艺复兴的时候才有。

"现世的"——孔子虽然也讲过"道不行，乘桴浮于海"之类的"愤青"话，但也绝不消极遁世。他周游列国、广收弟子，一心想用自己的理想来治理国家、医治世道、救济人心。

最主要的还是"人本的"——他说"仁者爱人，泛爱众，而亲仁"，所谓"夫子之道，忠恕而已矣。己欲立而立人，己欲达而达人；己所不欲，勿施于人。"这不仅在当时，直到今天也非常难能可贵。

我们怎样正确对待孔子？我想既要看到他思想的超越时代性，又要看到他不可避免的时代局限性。把他说成句句是真理，一句顶一万句的"至圣"，以及用今人的标准要求古人，因为他没有提出自由平等、民主法治就一棍子打死，或者对他进行牵强附会的人为"拔高"，都是不恰当的。

我们看看孔子自己以及他的弟子是怎么样评价孔子的——

> 子曰："吾十有五而志于学，三十而立，四十而不惑，五十而知天命，六十而耳顺，七十而从心所欲，不逾矩。"（《为政》）

孔子这些话我们今天还在说，比如过了五十是"知天命"，快四十了是"年近不惑"。就这个"耳顺"有各种译法，其中比较普遍被人接受的，是说到了六十岁的时候，对于各种批评已经能够很坦然地面对了。

> 颜渊、季路侍，子曰："盍各言尔志？"子路曰："愿车马，衣轻裘，与朋友共，敝之而无憾。"颜渊曰："愿无伐善，无施劳。"子路曰："愿闻子之志。"子曰："老者安之，朋友信之，少者怀之。"（《公冶长》）

孔子坐在那儿，颜回和子路在他旁边。《论语》里孔子让弟子"各言尔志"的事有几次，孔子非常喜欢和他的学生谈论理想。子路说："我的理想是，我的车马、我的华贵的皮袍子和朋友一起用，弄破了也不后悔。"颜渊说："希望不自夸己功，也不把自己该做的事推给别人。"子路问："老师你的理想是什么？"孔子说："老者安之，朋友信之，少者怀之。"大家不要轻看这三句话，非常难做到。让离退休的老干部感到很安心，让我们的同事朋友都信任我们，将来调走了，让年轻人怀念我们。想真正做到是非常难的。

> 子曰："饭疏食，饮水，曲肱而枕之，乐亦在其中矣，不义而富且贵，于我如浮云。"（《述而》）

吃粗茶淡饭，没事儿的时候弯着胳膊当枕头，这样也乐在其中。

> 叶公问孔子于子路，子路不对。子曰："女奚不曰：

其为人也，发愤忘食，乐以忘忧，不知老之将至云尔？"
（《述而》）

像这些话读起来音阶都非常漂亮，大家可以试一试：饭疏食，
饮水，曲肱而枕之，乐亦在其中矣；发愤忘食，乐以忘忧，不
知老之将至云尔。那种音调，大家感受一下。

> 颜渊喟然叹曰："仰之弥高，钻之弥坚。瞻之在前，
> 忽焉在后"。（《子罕》）

这是颜渊对孔子的评价。说你越是仰望他越觉得他高，越
去研究他越觉得他深，"仰之弥高，钻之弥坚"。"瞻之在前"，
好像他就在我前边，我们离他很近了，但突然又发现其实我们
离他还很远，"忽焉在后"。

> 叔孙武叔语大夫于朝曰："子贡贤于仲尼。"子服景伯
> 以告子贡。子贡曰："譬之宫墙，赐之墙也及肩，窥见室家
> 之好。夫子之墙数仞，不得其门而入，不见宗庙之美，百官
> 之富。得其门者或寡矣。夫子之云，不亦宜乎！"（《子张》）

有个大夫叫叔孙武叔，他说："孔子也不怎么样，他的学
生子贡比他强多了。"子贡说了这样的话，子贡说："我那个
墙，只到肩膀，你从墙外走，就能看见我家里有几间房几亩地；
夫子那个墙，有几丈高，你要没有路径，没有找到门走进去，
就不知道人家院子里到底有多么富丽繁华。能够找到门的很少，

所以你说的也有道理。"

古人说过"天不生仲尼，万古如长夜"。如果要没有谁，我们的历史会如何？在我的印象当中，后人用这个假设句式评价过的古人有三个人。第一个是孔子，如果没有孔子，那万古的历史就像漫漫长夜一样。最近的一个人是毛泽东，是小平同志的评价，说如果没有毛主席，中国人民还将在黑暗当中摸索更长时间。还有一个，林语堂对苏东坡的评价，说如果中国文化里面要是没有苏东坡，这个文化将减少多少趣味，我觉得也有一定道理。

欲了解中华民族精神，铸造中华民族性格，两个人不可不读：孔子与鲁迅。他们同样的悲天悯人，同样的忧心忡忡，同样的言之谆谆，同样的爱憎分明。他们都须仰视才见，这是鲁迅《一件小事》里的话。鲁迅去世以后，郁达夫写过这样的话，说："没有伟大的人物出现的民族，是世界上最可怜的生物之群；有了伟大的人物而不知拥护、爱戴、崇仰的国家，是没有希望的奴隶之邦"。

怎样读《论语》

孔子讲过"不学诗，无以言"，没读过《诗经》的，不配说话，不会说话，那不读《论语》呢？就更没法说话了。

关于读《论语》，程颐说过这样一段话："读《论语》，有读了全然无事者；有读了后，得其一两句喜者；有读了后，知好之者；有读了后，直有不知手之舞之足之蹈之者。"

其实，《论语》在早期的时候没那么受重视。最早的"六经"，诗、书、礼、易、乐、春秋，后来《乐经》遗失了，只在《礼经》里边有《乐记》一篇，成了诗、书、礼、易、春秋"五经"，即《诗经》《尚书》《礼经》《周易》《春秋》。后来到了东汉末年的时候就开始说"九经"，因为礼有三礼：《周礼》《仪礼》《礼记》，春秋有三传：《左氏传》《公羊传》《穀梁传》。诗、书、易加上三礼、三传，这样是"九经"。宋朝开始说"十三经"，是把《论语》《孟子》《孝经》《尔雅》加进去。朱熹重视《论语》和《孟子》，《大学》和《中庸》本来是《礼记》里的两章，他把它们单独拿出来，与《论语》《孟子》并列，称为"四书"。从元朝开始，科举考试的题目主要是从"四书"里边出。

孔子讲过"不学诗，无以言"，没读过《诗经》的，不配说话，不会说话，那不读《论语》呢？就更没法说话了。对古人来说，如果《论语》不熟，那根本就不能算有文化。

我喜欢陶渊明的诗，以前没注意，前一段再翻突然注意到了，《论语》入诗，在陶渊明那里非常多，他集子里前边十来篇，至少有四五篇都有《论语》里的话，比如有一首，里边有两句"童冠济业，闲咏以归"，就取自《论语》。有一次孔子和那些学生在一块儿"言志"，最后他问曾子的父亲，曾点，说你的志向是什么？曾点说："暮春者，春服既成，冠者五六人，童子六七人，浴乎沂，风乎舞雩，咏而归。"说暮春时间，轻薄的衣服已经穿上了，这个时候成年人五六个，小朋友六七个，一起到沂水洗洗澡，到台子上吹吹风，再一起唱着歌回家。还有"四十无闻，斯不足畏""进篑虽微，终焉为山"等，都取自《论语》。

过去的知识分子对《论语》应该是张口就来的。《世说新语》里有邓艾的段子，邓艾就是从阴平滚下山去，灭了蜀的那个。他有口吃的毛病，那时候下级跟上级说话说到自己的名称，一般不说姓，只说名，所以他跟司马昭说话的时候得说"艾如何如何"，不能说邓某人如何如何，那样说话是不知上下、不

（宋）佚名《孔子见荣启期图》

识深浅。但他口吃，经常说"艾艾"的，司马昭逗他，说："卿云艾艾，终有几艾？"你每次都艾艾的，到底是几个艾呀？这个你要是回答不出来，特别是不能机警地回答出来，那就显得很丢份儿。邓艾说："凤兮凤兮，固是一凤"，《论语》说"凤兮凤兮"，也不是两个凤，就一个凤，那"艾艾"也就是只有一个艾了。

《围城》里，方鸿渐他们几个人走到鹰潭，碰到那个王美玉，在旅馆房间墙上看到以前客人写的歪诗，"孤王酒醉鹰潭宫，王美玉生来好美容"，王美玉是个妓女，方鸿渐说："这就是有美玉于斯"。结果顾尔谦听见了，问你们为什么要背《论语》呀。

《论语》是过去的蒙学读物，百、千、论、孟（《百家姓》《千字文》《论语》《孟子》），儿童一进塾就开始读。世易时移，现在我们读《论语》，就要借助参考书，选择合适的注本。朱熹的《四书集注》，不太好读，杨伯峻的《论语译注》、钱穆的《论语新解》、李泽厚的《论语今谈》都很好，李零的《丧家狗——我读论语》也值得一看。

真想读古书要多看几种注本，像《论语》里就有很多歧义，大家众说纷纭，加上古书原本没有标点，都是白文，不同的人会有不同的点读。比如这句，"子罕言利与命与仁"，一种译法是说孔子很少说到利，赞同命、赞同仁，句读是"子罕言利，与命、与仁"；还有一种意见是不加句读，翻译成孔子很少说到利、命、仁。后一种讲法似乎不妥，因为论语里讲到仁的地方有很多，但也有人不同意，说"罕言"是说他很少主动谈到，这也有道理，因为他很少主动谈到仁和命，特别是仁，几乎每次都是应弟子之问而说的，每次说的还都不一样。还有"民可使由之不可使知之"，有人说这是糟粕，主张愚民。也有人说那是你不会读，应该点读成"民可，使由之；不可，使知之"，老百姓认可的事，就顺着他的意思干，老百姓不认可的，就做思想工作，让他们明白。这意思就完全相反了。

对待传统文化的正确态度

我个人认为，儒家的那一套，修身齐家或则有余，治国平天下终究不足。要想治国平天下，还得靠坚持马克思主义指导思想地位，靠中国特色社会主义理论体系。

钱穆先生说过类似这样的意思，对自己民族的历史和文化要保持足够的温情和敬意，这我非常赞同。中国历史有三问：地域辽阔，人口繁盛，何以开拓至此？民族同化，世界少有，何以融合至此？历史长久，连绵不断，何以延续至此？答案是都和我们文化有非常密切的关系。

包括儒家在内的传统文化，具有超越时空的价值。人生在世，每个人都要处理好三种关系：天人关系，人己关系，身心关系，中国文化讲究天人合一，人己和谐，身心合和。孔颜之乐，所乐何事？这是宋儒的一个著名命题，孔子说"饭疏食饮水，曲肱而枕之，乐亦在其中矣"，颜回"一箪食，一瓢饮，在陋巷，人也不堪其忧，回也不改其乐"，他们乐什么呢？乐道。中国传统文化能够正确处理天人、人己、身心关系，强调和谐而不是冲突，面对危机四伏的世界，我们可以借鉴传统文化来贡献中国智慧。

对传统文化和儒家思想也要历史、辩证地看，采取批判继承的态度。

儒家思想产生于 2500 多年前，成熟于大一统集权制时代，不可能不带有历史局限性。新文化运动提出打倒孔家店，是有它的合理性和历史必然性的，这是不可否认的。要防止陈腐之物残渣泛起，借尸还魂，切忌食古不化。

我个人认为，儒家的那一套，修身齐家或则有余，治国平天下终究不足。要想治国平天下，还得靠坚持马克思主义指导思想地位，靠中国特色社会主义理论体系。

宋代理学至臻完美，明代又有了阳明心学，可宋亡于元，明亡于清，1840 年以后更是几乎亡国灭种。如果光靠儒家就行，那中国早就该振兴了，何待今日？只有社会主义才能救中国，才能发展中国，搞什么"以儒治国""儒家社会主义"根本不靠谱。食洋不化不行，食古不化同样不行。

另外还要注意，传统文化并非儒家一家，中国文化始终是多元的。

汉代独尊儒术，也并不是说除了儒家的思想，其他都没有了，汉宣帝就讲"汉家自有制度，本以霸、王道杂之"，包括道家、法家在内的各种思想一直存在。我是《庄子》迷，非常认同庄子对自由自在的那种向往、对功名利禄的那种恬淡的心情。

　　惠子相梁，庄子往见之，或谓惠子曰："庄子来，欲代子相。"于是惠子恐，搜于国中三日三夜。庄子往见之，曰："南方有鸟，其名为鹓鶵，子知之乎？夫鹓鶵发于南海，而飞于北海，非梧桐不止，非练实不食，非醴泉不饮。于是鸱得腐鼠，鹓鶵过之，仰而视之曰：'吓！'今子欲以子之梁国而吓我邪？"

惠子做了梁国的宰相，庄子去看他，他俩是朋友，《庄子》里有好多庄子和惠子之间的对话。有人跟惠子说，庄子有本领，他来了，就是想取代你。惠子很担心，就派人在城里搜捕庄子。庄子自己出来去见惠子，给他讲了个故事：说南方有一种鸟儿，叫鹓鶵，是凤凰的一种，它从南海飞往北海。它非常高贵，在飞行的途中，不是梧桐树它不落，不是竹子的果实它不吃，不是甘泉它不喝。这个时候呢，地上有个猫头鹰，鸱，这猫头鹰运气不错，捡到一只快要腐烂了的死老鼠，正准备吃呢，这时候鹓鶵从它头顶上飞过。猫头鹰以为鹓鶵要抢他的死老鼠，于是就抬起头来冲鹓鶵嘎地大叫了一声。庄子问惠子，你是打算因为梁国宰相这个死老鼠来冲我大叫吗？

　　庄子钓于濮水，楚王使大夫二人往先焉，曰："愿以境内累矣！"庄子持竿不顾，曰："吾闻楚有神龟，死已三千岁矣，王巾笥而藏之庙堂之上。此龟者，宁其死而留骨而贵乎？宁其生而曳尾于涂中乎？"二大夫曰："宁生而曳尾涂中。"庄子曰："往矣！吾将曳尾于涂中。"

楚王派两个大夫去请庄子，说准备把国政交给他，"愿以境内累矣"，这是很客气的说法。庄子根本连头都不回，说道：我听说你们楚国有一只神龟，已经死了三千年了，他的骨头被楚王用非常昂贵的绢帛包裹着放在庙堂上。那么你说这只龟，它是宁愿死了骨头很珍贵，被人供奉在庙堂上呢，还是宁愿活着在泥水里拖着尾巴爬呢？二大夫说当然愿意活着在泥水里爬啦，庄子说，那就请便吧，"吾将曳尾于涂中"，我还是准备拖着尾巴在泥里爬。

我想不妨读一点《庄子》，读《庄子》可以养心，让人变得恬淡、达观一点，在滚滚红尘之中寻得一方清凉安闲之地。

总之，坚持马克思主义指导思想地位，坚持社会主义核心价值观，坚定文化自信，将优秀传统文化、革命文化和社会主义先进文化统一起来。对待传统文化要有开放、包容和创新态度，"周虽旧邦，其命维新"，坚持不忘本来，吸收外来，面向未来，顺应世界潮流，发扬中国气派。习近平总书记在讲到传统文化的时候，多次反复强调，要进行创造性转化、创新性发展。

《论语》章句选讲

　　每天要想想自己有没有这三种毛病：替别人办事是不是对人家忠诚；跟朋友交往是不是诚信；从老师那学来的东西，是不是想着怎么去实行。我的每日三省是经常问问自己：哪里是北？要找准方向；自己姓啥？人不能忘本；一天吃几碗干饭？要有自知之明。

　　《论语》是孔子及其部分弟子的言行录。《论语》共二十篇，编次很随意，每篇取首句二字为名，如《学而》《为政》《子路》《颜渊》等。有人说《论语》成于曾参的弟子，理由是其中凡提曾参皆曰"子"，且记有部分曾参独立的言论。这是学界的一个争论。我们确实可以注意到，包括颜渊、子路，都是直呼其名，只有曾参出现的时候，都是称曾子。有人说前十篇成立较早，后十篇为晚年弟子或再传弟子所编。

　　《论语》涉及内容很多，这里按为学、修身、处世、从政四个方面进行一点归纳。

为学

　　学而时习之，不亦说乎？有朋自远方来，不亦乐乎？人不知而不愠，不亦君子乎？（《学而》）

　　这是《论语》的第一句话。

　　"学而时习之"怎么翻译？"习"千万不要说成复习，那个时候还没有复习这个概念，这个"习"比较普遍的观点认为是实践、实行。"时"不少译文里面说是"经常"，杨伯峻先生说的是"在恰当的时候"，我比较接受。因为《论语》里面，"时"基本都是这个意思，比如"使民以时"，包括先秦的很多著作里面也一样。《孟子》里说"斧斤以时入山林"，说砍树也得有恰当的时机，这个"时"得翻译成"恰当的时候"。

　　学了，在恰当的时候去实行它，这不是很高兴的事吗？有朋友从远方来了，不也是很快乐吗？别人不了解我也不生气，这不是君子吗？我理解其实这三句话都是讲学习。

　　咱们也常说，有朋自远方来，不亦乐乎？实际上孔子本意不是讲朋友来了你高兴，他都是讲学习。学了在恰当的时候去实行，这很高兴。朋，同门曰朋，同志曰友。说有同门师兄弟从远方来了，不亦乐乎，这说的还是学习。既然他从远方来了，又是同门师兄弟，那么他到了远方，一定有很多新的见解，我们俩在一起探讨探讨学问，这不是很高兴吗？人不知而不愠，不亦君子乎？说别人不了解我，我也不生气，这里还是讲学习。

孔子在《论语》里还说道："古之学者为己，今之学者为人。"古代的学者，他学习是为了充实、完善自己；今天的学者，学习是为了显摆给别人看。今天我给大家讲《论语》，恐怕也就流于"为人之学"了，要是为己之学的话，我就不应该讲。我有学问而别人不知道，也没关系，因为学问是为了充实自己的。这三句讲的都是学习的事。

> 子曰："君子食无求饱，居无求安，敏于事而慎于言，就有道而正焉，可谓好学也已。"（《学而》）

这都好理解，不用一句句翻译。食无求饱，居无求安，敏于事而慎于言，做事要快，说话要小心。

> 温故而知新，可以为师矣。（《为政》）

我的感觉，一个是《论语》，一个是毛主席很多文章，每次读都会有新感受。

> 君子不器。（《为政》）

"不器"是什么概念？"不器"就是说不能只有一种功能。按孔子的观点讲，君子不能只会干一种事，所谓一事不知，儒者之耻，要努力做复合型干部。

> 学而不思则罔，思而不学则殆。（《为政》）

后来孟子也讲过，尽信书不如无书。《中庸》有云：博学之，审问之，慎思之，明辨之，笃行之。

子曰："由，诲女知之乎！知之为知之，不知为不知，是知也。"（《为政》）

什么是糊涂人呢？强不知以为知的人最糊涂。

子夏问曰："'巧笑倩兮，美目盼兮，素以为绚兮'，何谓也？"子曰："绘事后素。"曰："礼后乎？"子曰："起予者商也，始可与言《诗》已矣。"（《八佾》）

"巧笑倩兮，美目盼兮，素以为绚兮"，这是《诗经》里的话，子夏问孔子，这句话是什么意思呢？孔子说："绘事后素。"要想画美丽的花朵，必先有干净的底子。子夏受到启发，进而又问，那么礼就应该在仁之后了吗？孔子非常高兴，凡是弟子受到启发以后有自己观点的时候，孔子都非常高兴。"起予者商也"，都是你启发了我啊，商是子夏的字，"始可与言《诗》已矣"，你领会了《诗》，不再是仅仅从字面上去理解了。

子入太庙，每事问。或曰："孰谓鄹（音 zōu）人之子知礼乎？入太庙，每事问。"子闻之，曰："是礼也。"（《八佾》）

孔子到太庙去，哪个太庙？鲁太庙。鲁太庙供奉谁啊？周公。看着什么他都打听，这是什么啊，那是什么啊，每事问。有人就说了，谁说孔家老二知道礼啊，到太庙来，什么都不懂，什么都问。孔子听说了以后说，"是礼也"，这就是礼啊。这也有个解读问题，是"每事问"本身是礼，还是说质疑你这个太庙里的陈设是不是符合礼。我更倾向于后一种。

杨伯峻先生直接译了，说"每事问"本身是礼，这也有一定的道理。比如说，有人请你到家里去，家里有很多陈设，请你看看。这个时候比较恰当的态度是什么呢？当然要表现出感兴趣、热心的样子。见人一个瓶子，说这个什么窑啊？在哪买的？你得表现出感兴趣的样子。所以人家领你到太庙来，你当然也得问一问了。你抱着膀子一言不发，一副不屑一顾的样子，那就显得不好。

我认为孔子的"每事问"主要还是在质疑。《论语》里说了，季氏"八佾舞于庭，是可忍孰不可忍"，这是孔子讲的。季氏就是个大夫，他在家里搞家庭舞会，居然用了天子的礼仪，八佾舞于庭。八佾，佾是个单人旁，上面一个八，下面一个月。这个佾怎么解释呢？八佾就是八排，每排八人，八八六十四人。六十四人跳舞，这是天子的礼仪。天子八佾，诸侯六佾，六六三十六，卿四佾，大夫二佾，老百姓就自己跳独舞。那个时候僭礼的事情已经非常多了，包括周公庙里，也一定摆了很多不合于礼的各种陈设，所以孔子实际上是在质疑，这个是礼吗？这个是周公庙里应该有的吗？

子曰："人之过也，各于其党。观过，斯知仁矣。"（《里仁》）

这叫"物以类聚，人以群分"。从一个人的错误里边，就能看出他是什么人，看他犯哪一类错误，就知道他是哪一类人。

　　子曰："朝闻道，夕死可矣。"（《里仁》）

道怎么理解？有很多书都翻译成真理，有比较慎重的，包括杨先生，就不翻译，直接保留"道"。钱穆先生也保留不译，因为中国这个"道"和后来我们说的真理是有差别的。关键是"闻"，咱们一般说"闻"，是听、听说、听见、得知。早晨听说了道，晚上死了就值得？太轻率了吧？所以"闻"不应该解为听说、听到，怎么解呢？接受。我一旦接受了马列主义，那么随时就可以为它去献身。

　　子曰："不患无位，患所以立；不患莫己知，求为可知也。"（《里仁》）

不愁没有官做，不愁没有位置，怕你没有本领；不愁没人知道你，关键你得有什么值得让别人知道。

　　子曰："见贤思齐焉，见不贤而内自省也。"（《里仁》）

这是很明白的话，毛岸英的妻子就叫刘思齐。

　　子谓子贡曰："女与回也孰愈？"对曰："赐也何敢望回？回也闻一以知十，赐也闻一以知二。"子曰："弗如也！吾与女弗如也。"（《公冶长》）

孔子问子贡，你和颜回谁优秀啊？子贡马上说，我哪敢和他比呢？他听见一件事，就能反映出十件事，我听见一件事，只能反映出两件事。孔子说，我故意这么问问你，看你谦不谦虚，别说你不如他，我都不如他！他很喜欢颜回。

宰予昼寝。子曰："朽木不可雕也，粪土之墙不可杇（音wū）也，于予与何诛？"子曰："始吾于人也，听其言而信其行；今吾于人也，听其言而观其行。于予与改是。"（《公冶长》）

孔子对学生有时候要求有点过严，学生白天睡个午觉，他说人家粪土之墙不可杇，杇是什么意思？拿石灰刷墙。这个宰予，过去我觉得你不错，以后我听你说话不能全信，我得观察你的行为。

子贡问曰："孔文子何以谓之'文'也？"子曰："敏而好学，不耻下问，是以谓之'文'也。"（《公冶长》）

孔文子凭啥被谥为文呢？孔子说，敏而好学，不耻下问，这就达到了"文"的要求。

子曰："十室之邑，必有忠信如丘者焉，不如丘之好学也。"（《公冶长》）

孔子认为自己最大的优点就是好学，学而不厌。

哀公问："弟子孰为好学？"孔子对曰："有颜回者好学，不迁怒，不贰过。不幸短命死矣，今也则亡，未闻好学者也。"（《雍也》）

孔子评价颜回：不迁怒，不贰过，不因为自己的错误迁怒于别人，不重复犯同样的错误。

子曰："贤哉！回也。一箪食，一瓢饮，在陋巷。人不堪其忧，回也不改其乐。贤哉！回也。"（《雍也》）

这还是夸颜回，孔子对颜回是赞誉有加、毫无保留的。物质生活再丰富，如果没有点精神上的追求，那也是乐不起来的。

冉求曰："非不说子之道，力不足也。"子曰："力不足者，中道而废。今女画。"（《雍也》）

冉求有一回和孔子说，不是我不喜欢你讲的这套道理，问题是我觉得实行起来心有余而力不足。孔子说，心有余而力不足的是走到一半，走不下去了，中道而废，而你根本还没迈步，根本还没开始走呢。

子曰："默而识之，学而不厌，诲人不倦，何有于我哉？"（《述而》）

默而识之，看到好东西，默默地把它记下来，学而不厌，诲人不倦。孔子说他没有这些品德，这是他的自谦，如果他都没有，谁还敢说有呢？

子曰："德之不修，学之不讲，闻义不能徙，不善不能改，是吾忧也。"（《述而》）

道德不去修炼，学问不去讲求，正确的不去跟从，有错误不能改。只有这几件事，才值得我们担心。

子曰："不愤不启，不悱不发；举一隅不以三隅反，则不复也。"（《述而》）

"愤"是想知道但是搞不明白，"悱"是想说不知道怎么说。如果他自己没有主观能动性，自己没有联想力，比如这个屋子，告诉他那一边是东，他要能给你说出哪是西哪是南哪是北，如果做不到这一点，那就不值得教。

子曰："三人行，必有我师焉。择其善者而从之，其不善者而改之。"（《述而》）

这和"见贤思齐，见不贤而内自省"的意思差不多。

曾子曰："士不可以不弘毅，任重而道远。仁以为己任，不亦重乎？死而后已，不亦远乎？"（《泰伯》）

这都是后来经常被引用的话，任重道远、死而后已都是成语了。

子绝四：毋意，毋必，毋固，毋我。（《子罕》）

意，主观臆断；必，把事情看得太死，觉得什么都是必然的；固，固执己见；我，什么事情都从自我出发。"子绝四"，孔子没有这四样毛病，咱们也不应该有。

子曰："吾有知乎哉？无知也。有鄙夫问于我，空空

如也；我叩其两端而竭焉。"（《子罕》）

孔子自问，难道我就是一个智者吗？不是的。有个没有学问的村野农夫，他有什么事问我，我本来没什么现成答案，"空空如也"，我让他自己说，然后我从他一左一右两边去理解，去启发他，最好让他自己得出答案。孔子的弟子也说，"夫子循循焉善诱人"。

子曰："譬如为山，未成一篑，止，吾止也！譬如平地，虽覆一篑，进，吾往也！"（《子罕》）

就像堆土成山，差一筐土，这山没堆成，这个时候你停了，那就是停了；还是堆土成山，现在只有一片平地，倒上一筐土，只要一直接着干，山终有一天会堆成。这个意思后来被概括为成语"功亏一篑"。孔子强调持之以恒，善作善成。看过一句西谚："事情一经开始，就已完成一半，底下的一半就容易了。"鼓励大胆尝试、积极开头。中国虽然也有"万事开头难"的说法，但似乎更多的是强调坚持，像愚公移山啦、水滴石穿啦、磨杵成针啦，都是强调坚持，防止功亏一篑。今天看来，坚持固然重要，但尝试开头同样甚至更加重要。有的事情试过了，觉得不行，就是需要改弦更张、另辟蹊径，不一定非得一条道跑到黑。有的时候，放弃不一定意味着失败，反而意味着新的开始。

子曰："诵《诗》三百，授之以政，不达；使于四方，不能专对；虽多，亦奚以为？"（《子路》）

这是讲学以致用。一直说孔子删过《诗》，《诗》原来不止 300 篇，有很多篇，后来孔子把一部分不符合要求的都给删掉了。可是《论语》里孔子自己就经常说《诗》三百，"诵《诗》三百"，当时的《诗》就是 300 篇了，有可能是他把《诗》删得剩下 300 篇吗？但是逸诗确实存在，就是有些诗不在现在的《诗经》里了。《论语》里有一句，叫"棠棣之华，偏其反而，岂不尔思，室是远而"，这句在《诗经》里已经找不到了。子曰："未之思也，夫何远之有？"有人在吟诗：棠棣树的花呀摇摇摆摆，不是我不想念你呀，是你离我太远了。孔子说，是你根本就没想念，你要想念了，她虽远在天涯，亦近在咫尺。

子曰："不曰'如之何、如之何'者，吾末如之何也已矣。"（《卫灵公》）

孔子说，碰到问题，那种不是自己想着要怎么办怎么办的人，我拿他没办法。遇到困难，首先自己得想怎么办，自己不想，交给别人，你看怎么办，这种人谁都没办法。

修身

巧言令色，鲜矣仁！（《学而》）

令是美好，美好貌。说话花言巧语，一副谄媚的样子，这种人很少是好人。

曾子曰："吾日三省吾身：为人谋而不忠乎？与朋友交而不信乎？传不习乎？"（《学而》）

每天要想想自己有没有这三种毛病：替别人办事是不是对人家忠诚；跟朋友交往是不是诚信；从老师那学来的东西，是不是想着怎么去实行。我的每日三省是经常问问自己：哪里是北？要找准方向；自己姓啥？人不能忘本；一天吃几碗干饭？要有自知之明。

子曰："唯仁者能好人，能恶人。"（《里仁》）

只有仁者，才能够真正地喜欢一个人，也能够真正地讨厌一个人。不仁之人，是没有原则的，只看于己有利没利。只有仁者，才能真正喜欢那些仁者，讨厌那些小人。

孺悲欲见孔子，孔子辞以疾。将命者出户，取瑟而歌，使之闻之。（《阳货》）

孺悲欲见孔子，孔子不见，说自己身体不舒服，把孺悲送走了。人家刚走到大门口，孔子就开始鼓瑟弹琴，故意让他知道。孟子解读说，孔子是用这种办法教育他，你不够资格见我，并不是我真有病，从而让你去反省。我借故不见你还要让你知道我是故意的，"予不屑于教诲者，是亦教诲之而已矣"。

子曰："参乎！吾道一以贯之。"曾子曰："唯！"子出。门人问曰："何谓也？"曾子曰："夫子之道，忠恕而已矣。"

（《里仁》）

孔子对曾子说，我的道是一以贯之的。曾子的理解"夫子之道，忠恕而已矣"。夫子之道，就是两个字，忠和恕，这两个字加在一起，就是仁。己欲立而立人，己欲达而达人，这叫作忠，己所不欲，勿施于人，这就是恕。忠是积极的仁，恕是消极的仁。

子曰："君子欲讷于言，而敏于行。"（《里仁》）

君子说话不是那种伶牙俐齿、夸夸其谈的，但是行动很敏捷。毛主席给女儿起名字，一个叫李敏，一个叫李讷，就是取自这句话。孔子的一个弟子叫司马牛，他最著名的话是"人皆有兄弟我独无"。司马牛问仁，子曰："仁者，其言也讱。"曰："其言也讱，斯谓之仁已乎？"子曰："行之难，言之得无讱乎？"司马牛这人有个毛病，就是喜欢夸夸其谈。孔子对弟子的教育都是因材施教，学生每次问他什么是仁啊，他没有一次答复是相同的，都是根据每个人的不同情况来决定怎么回答。司马牛问他什么是仁，他说仁者说话结结巴巴。司马牛说，我晕！说话结结巴巴怎么能算仁者呢？孔子说，仁实行起来很困难，难道说起来会容易吗？

子曰："吾未见刚者。"或对曰："申枨。"子曰："枨也欲，焉得刚？"（《公冶长》）

无欲则刚这个成语就是从这里来的。孔子说我没见过那种算作刚的人，有人提出说申枨这个人怎么样呢？孔子说他贪欲那么多，怎么能算作刚呢？海纳百川，有容乃大；壁立千仞，无欲则刚。

> 季文子三思而后行。子闻之，曰："再，斯可矣。"（《公冶长》）

大家注意一个现象，《论语》里一些词句，现在我们当作完全正面的来讲的，其实在孔子当时的语境里，并不是肯定的。其中包括三思而后行。

咱们现在说三思而后行，这是一个很正面的说法，其实孔子不主张这样，"再，斯可矣"，两次就够了。孔子为什么这样说呢？季文子什么事儿都要反复考量，因为他私心太重了，人一旦私心重了肯定很难做决断，所以才会左右掂量、三思后行。

还有一句是"言必信，行必果"，咱们现在当作一个非常正面的说法，但是在孔子那里这不是最高的标准。子贡问他，"何如斯可谓之士矣？"孔子说："行己有耻，使于四方，不辱使命，可谓之士。"自己的行为都很有分寸，代表国家出使四方而不辱君命，这才能算作士。"敢问其次？"那次一等的呢？说"宗族称孝焉，乡党称弟焉"，对长辈很孝敬，对老乡很尊敬。又问那再次一等的呢？说"言必信，行必果，硁硁然小人哉，抑亦可以为次矣"，不问青红皂白的只要说了就一定去干，只要干了就一定要干出结果，这是再次一等的。又问"今之从政者何如"，"噫！斗筲之人，何足算也？"学生问他如今当政的人怎么样啊？孔子又愤青一次，说这些小人之辈、斗筲之人，哪里值得一提。斗是盛粮食的，筲是盛饭的，说这些人的气量太小了。

子曰："质胜文则野，文胜质则史，文质彬彬，然后君子。"（《雍也》）

质是质朴，文是文采，质朴要胜过文采呢就野了，这个野呢不太好翻译，文采要胜过质朴呢就太浮夸了。必须把二者很好地搭配起来，"文质彬彬，然后君子"。

子谓颜渊曰："用之则行，舍之则藏，惟我与尔有是夫！"（《述而》）

孔子又夸颜回说：你要是用我呢，我就好好干；你要是不用我呢，我就在一边安静地待着，只有我和你是可以达到这个标准的人。

子路曰："子行三军，则谁与？"子曰："暴虎冯河，死而无悔者，吾不与也。必也临事而惧，好谋而成者也。"（《述而》）

子路其实是有点嫉妒的，就问孔子，你要去打仗准备带谁呀？因为子路很勇敢，他的意思是你老夸颜回，颜回那么好打仗你带他吗？打仗当然得带子路啊。孔子说：徒手打老虎，不用船就直接趟着过河，这是我不赞成的，遇到事儿好好谋划然后把它办成了才行。他在《论语》里有好几次都批评子路，有一次说他"野哉，由也"。因为子路问孔子，说一旦你要掌权了，第一件事儿干什么呢？孔子曰："必也正名乎"，说第一件事就把各种名分称谓先搞清楚，子路说你也太迂腐了，那么多大事儿不干，正什么名啊？孔子说：你太粗野了，所谓"名不正，则言不顺，言不顺，则事不成，事不成，则礼乐不兴，礼乐不兴，则刑罚不中，刑罚不中，则民无所措手足"，名要是不正，那什么事儿都不顺，这些你根本就不懂。

但他实际上很喜欢子路。在《论语》有两个地方他表扬子路，说子路可以"片言折狱"。啥叫"片言折狱"呢？打官司必须有两告，原告和被告，听官司先听原告再听被告，不能偏听偏信。但孔子说子路只听一遍就能断案。为什么呢？因为他非常诚信，人不敢欺，他人品太好了别人都不敢或不忍欺骗他，所以只有他能做到片言折狱。后代的贪官也拿这个说事儿，偏听偏信却说这是片言折狱，他哪儿是片言折狱啊？他是谁送礼送得多他就往谁那边折。

《论语》里还说，"子路无宿诺"，他答应的事儿从不过夜，咱们经常说哪天有空啊请你吃饭，其实都是虚套，等哪天干嘛，今天晚上就有空。他临死还在贯彻孔子的教诲。有一次卫国内乱，子路所在一方已经输定了，子路本来在外边，这时要往里边冲，有人就拦住他，说这个仗已经没法打了，你进去就等于送死，子路说，我食人之禄就要忠人之事，就冲进去跟人家打。古代男子都要带冠，那个冠必须有一根绳子给它系在下巴上，那绳子叫缨，结果一不小心让人把他的缨给砍断了，断了就断了，扔了帽子接着打呗，他不，他停下来把刀放下，说夫子说了，君子就是死，也不能没有帽子，所以非得先把帽子系上。这一系帽子，结果就被人打死了。还有"子见南子，子路不悦"。老师去见个美女，他就不高兴了，他就是这样的。

三军可夺帅也，匹夫不可夺志也。（《子罕》）

这是讲人总要有点志向。

岁寒，然后知松柏之后凋也。（《子罕》）

人的品格，只有在艰苦的环境下才能显现出来。

曾子曰："可以托六尺之孤，可以寄百里之命，临大节而不可夺也，君子人与？君子人也。"（《泰伯》）

这是常被引用的，曾子说，可以把自己的孤儿托付给你，一个百里之国可以把它交给你，在大是大非面前能够坚守正道，这就叫君子。

子贡问："师（子张）与商（子夏）也孰贤？"子曰："师也过，商也不及。"曰："然则师愈与？"子曰："过犹不及。"（《先进》）

子贡问孔子，子夏和子张哪个更优秀啊？孔子说，子张稍微过了点儿，子夏稍微不足点儿。子贡问，那是不是子张比子夏要好点呀？孔子说过犹不及，过了和不到都一样不好。

> 司马牛问君子。子曰："君子不忧不惧。"曰："不忧不惧，斯谓之君子已乎？"子曰："内省不疚，夫何忧何惧？"（《颜渊》）

司马牛问孔子，什么是君子？孔子说，君子不忧虑不害怕。司马牛又问，不忧虑不害怕就是君子吗？孔子说：如果问心无愧，有啥可担忧害怕的呢？

> 子贡问曰："乡人皆好之，何如？"子曰："未可也。""乡人皆恶之，何如？"子曰："未可也。不如乡人之善者好之，其不善者恶之。"（《子路》）

老乡都说他好，这人怎么样？孔子说这不能说明问题。老乡都说这人不好，那这人怎么样？孔子说这也不能说明问题。必须是好人说他好，坏人说他不好，这才是君子。孔子最反对无原则的老好人，"乡愿，德之贼也"。

> 子曰："刚、毅、木、讷，近仁。"（《子路》）

刚强、坚毅、为人质朴、说话老实，孔子说这就接近于仁了。

> 子贡方人。子曰："赐也贤乎哉！夫我则不暇。"（《宪问》）

子贡有时候喜欢评论人，臧否人物，孔子说你是吃饱了撑的吗？我就没那个闲工夫。

> 或曰："以德报怨，何如？"子曰："何以报德？以直报怨，以德报德。"（《宪问》）

以德报怨怎么样？孔子不主张这样，他主张以直报怨，你怨恨我就直接面对你，我用德去回报德。以德报怨现在也完全成了正面肯定的话了，其实孔子并不主张。

> 子曰："躬自厚而薄责于人，则远怨矣。"（《卫灵公》）

多做自我批评而不是苛责别人，这样就会减少怨恨。

> 子曰："群居终日，言不及义，好行小慧，难矣哉！"（《卫灵公》）

很多人聚在一起，一整天没有说一件涉及道义的事儿，都是要些小聪明，这样的人拿他没办法。古人区分南人与北人，说北人"饱食终日，无所用心"，南人"群居终日，言不及义"。意思是北方人懒散，南方人好利，难免有地理歧视的偏见，聊备一说。

> 子曰："君子求诸己，小人求诸人。"（《卫灵公》）

君子反躬自问，小人才强求别人。公交车上，主动给老弱让座的是君子，强求别人让座还骂骂咧咧的，就难免有小人之嫌了。

子曰："君子矜而不争，群而不党。"（《卫灵公》）

不做无谓争论，注重大团结，不搞小圈子。

子曰："君子不以言举人，不以人废言。"（《卫灵公》）

不因为他偶尔某次汇报工作讲得好就提拔他，也不因为不喜欢他就听不进他说的任何话。

子贡问曰："有一言而可以终身行之者乎？"子曰："其'恕'乎！己所不欲，勿施于人。"（《卫灵公》）

这句话是需要终身去实行的。

子曰："众恶之，必察焉；众好之，必察焉。"（《卫灵公》）

大家说他好或者大家说他不好，都要观察，看看是什么人说他好，什么人说他不好。

子曰："过而不改，是谓过矣。"（《卫灵公》）

有了错误而不改，这才是错误。

孔子曰："君子有三戒：少之时，血气未定，戒之在色；及其壮也，血气方刚，戒之在斗；及其老也，血气既衰，戒之在得。"（《季氏》）

君子有三件事情要小心：少之时，血气未定，贪色伤身；在青壮年血气方刚，不要跟人争斗；到了老年，不要有太多贪心，贪心折寿。这是圣人之教。

孔子曰："君子有九思：视思明，听思聪，色思温，貌思恭，言思忠，事思敬，疑思问，忿思难，见得思义。"（《季氏》）

看就想办法看明白，听就要听清楚，脸色要温和，样子要恭敬，说话要靠谱，办事儿要给力，有了疑问就要去问，一旦生气就要想清楚后果，有所得的时候就要想想是不是该得的。

子张问仁于孔子。孔子曰："能行五者于天下，为仁矣。"

"请问之。"曰："恭，宽，信，敏，惠。恭则不侮，宽则得众，信则人任焉，敏则有功，惠则足以使人。"（《阳货》）

这都好理解。古人孩子多，起名字经常从经典里找这样的字眼。生五个儿子，分别叫恭、宽、信、敏、惠，还有仁、义、礼、智、信，克勤、克俭什么的，我认识叫克俭的至少有五个，有男有女。上次在高铁上翻一本魏晋文选，其中有诸葛亮的《出师表》，以前读的时候没注意到，姓向的可以从那里边取两个好名字。"将军向宠，性情淑均，晓畅军事，试用于昔日，先帝称之曰能。"如果姓向的有一男一女，男的叫向淑均，女的叫向晓畅，多好听啊。

子曰："乡愿，德之贼也。"（《阳货》）

乡愿是什么意思？就是老好人，是德之贼也。

子曰："道听而涂说，德之弃也。"（《阳货》）

听见了什么就传，乐于传小道消息，这是不道德的。

子夏曰："小人之过也必文。"（《子张》）

不愿作自我批评，喜欢文过饰非的，差不多要跌进小人堆儿里去了。

子夏曰："君子有三变：望之俨然，即之也温，听其言也厉。"（《子张》）

君子看上去很严厉，接触起来却很温和，听他说话都很严谨。

子夏曰："大德不逾闲，小德出入可也。"（《子张》）

子夏说，大的节操不能出错，小节放松一点无所谓。此话不可全信，千里之堤，溃于蚁穴，宽以待人可以，律己不得不严。

子贡曰："君子之过也，如日月之食焉：过也，人皆见之；更也，人皆仰之。"（《子张》）

君子的错误就像日食和月食，他犯错的时候大家都看着他，他改正了大家都仰望他。

处世

子贡曰："贫而无谄，富而无骄，何如？子曰：可也。未若贫而乐，富而好礼者也。"（《学而》）

"贫而乐，富而好礼"，拿到今天来说，就是要让普通人有尊严，让富贵者知收敛。

孟武伯问孝。子曰："父母唯其疾之忧。"（《为政》）

这句话很有深意，说父母只为你的身体疾病而担忧，那也就意味着，别的事他们不用担忧。这是孝的标准，你不要在外边胡来，让你父母担忧，人吃五谷杂粮，总不能不生病，这个担忧没办法，别的事一概不用担忧。像那些贪官，出事儿了，让父母蒙羞，且不说于国于党于民忠不忠，仅仅对于父母就是最大的不孝。

子夏问孝。子曰："色难。有事，弟子服其劳；有酒食，先生馔。曾是以为孝乎？"（《为政》）

色难挺不好解。大意是，家里的活子女都干了，好吃的也先给老人吃了，这就算孝吗？不够！要始终保持一种愉悦的表情。这很难做到，有时候在外边受了委屈，回家说不定给父母甩甩脸子，其实这是不对的。

子曰："富与贵，是人之所欲也；不以其道得之，不处也。贫与贱，是人之所恶也；不以其道得之，不去也。君子去仁，恶乎成名？君子无终食之间违仁，造次必于是，颠沛必于是。"（《里仁》）

富贵人人都喜欢，但必须以正道而得；贫贱人人都讨厌，但必须以正道而去。君子哪怕一顿饭的工夫也不能违背仁，仓促之间如此，颠沛流离之间也如此。

子游曰："事君数，斯辱矣；朋友数，斯疏矣。"（《里仁》）

对待领导，礼节太过繁琐，是自取其辱；跟朋友之间，礼节太过繁琐，就会彼此疏远。

子曰："孰谓微生高直？或乞醯（音 xī）焉，乞诸其邻而与之。"（《公冶长》）

谁说微生高这个人正直，说有人管他借醋，他本来也没有醋，却说你等一会儿，偷偷上邻居家借点再给这个人。这就太过了，没有就是没有。

子游为武城宰。子曰："女得人焉尔乎？"曰："有澹台灭明者，行不由径。非公事，未尝至于偃之室也。"（《雍也》）

子游做了武城的地方官，孔子问他，你那地儿有没有什么人才啊？子游说，有一个叫澹台灭明的，走路从来不抄小路，坚持走大路；不是因为公事，他从来没有到过我的办公室。

子曰："孟之反不伐，奔而殿。将入门，策其马，曰：'非敢后也，马不进也。'"（《雍也》）

孟之反这个人不居功自傲。有一次鲁国军队吃了败仗，打败了往回跑叫奔，孟之反在后边殿后，且战且退，掩护战友。快到城门了，他开始打自己的马，还说了一句，不是我敢在后边，是我这马跑得不快。不伐，就是不自居其功。

子曰："君子坦荡荡，小人长戚戚。"（《述而》）

君子心宽体胖（音 pán，舒泰）、坦坦荡荡；小人整天患得患失、忧心忡忡。

厩焚。子退朝，曰："伤人乎？"不问马。（《乡党》）

马圈着火了，孔子回家问伤了人没有，不问马。人的生命是最宝贵的，哪里发生了灾难事故，先要关心有没有人员伤亡。

季氏富于周公，而求也为之聚敛而附益之。子曰："非吾徒也，小子鸣鼓而攻之，可也。"（《先进》）

季氏比周公还富，但是冉求还帮他敛财。孔子说，这家伙不是我们一伙儿的，你们可以大张旗鼓攻击他。"惟君子能好人，能恶人"，即使是对自己的学生，一旦做了错误的事，孔子也绝不偏袒。古人云："百乘之家不畜聚敛之臣，与其有聚敛之臣，宁有盗臣。"

子路问："闻斯行诸？"子曰："有父兄在，如之何其闻斯行之？"冉有问："闻斯行诸？"子曰："闻斯行之。"公西华曰："由也问：'闻斯行诸，'子曰：'有父兄在。'求也问：'闻斯行诸？'子曰：'闻斯行之！'赤也惑，敢问。"子曰："求也退，故进之；由也兼人，故退之。"（《先进》）

子路问老师，听到一个道理就干行不行啊？孔子说，你家里有父亲有哥哥，你得征求他们的意见，哪能听了就干。冉有也这样问他，他说干就好了。另外一个学生公西华说，不对啊，你这个没谱啊，他俩问同样的问题，你一会儿说有父兄在，一会儿又说干就好了，这是什么道理呢？孔子说冉有这个人比较胆小，所以我要推他一把，不要那么多犹豫，子路这个家伙胆子太大，所以要拉他一把，不要那么莽撞。这就叫因材施教。

子曰："君子成人之美，不成人之恶。小人反是。"（《颜渊》）

成人之美，君子之德；成人之恶，小人之行。

叶公语孔子曰："吾党有直躬者，其父攘羊，而子证之。"孔子曰："吾党之直者异于是。父为子隐，子为父隐，直在其中矣。"（《子路》）

叶公跟孔子说，我的朋友里有个正直的人，他爸爸偷人家羊，他给举报了。孔子说我的朋友里正直的人跟你这不同，父亲替儿子隐瞒，儿子替父亲隐瞒，我认为这才叫正直。

三国时，曹丕府的宴会上发生过一件非常无聊的事。曹丕出了一个命题：君父俱病，药只一丸，得之者生，失之者死，君耶父耶？让大家讨论，都必须发言，必须表态。宾客们多数说先给主君，也有说先给父亲的，都能引经据典，讲一番春秋大义。只有一个叫邴原的人不说话，曹丕就问他，大家都表态了，你什么意见呢？"父也！"邴原一甩袖子走了，根本不需要论证，有药给我爸吃。这有点像中国式恋爱问题：我和你妈同时掉水里了，你先救我还是先救你妈？据说有的小伙子谈恋爱之前先逼他妈去学游泳。唉！乾纲不振，是何言哉！

在道德困境面前，儒家既讲原则，也讲权变。《孟子》里有这样的意思，有人问孟子，"男女授受不亲，礼欤？"说男女之间不能有肌肤之亲，这是礼吗？孟子说这是礼啊。那么"嫂溺援之以手，可乎？"嫂子掉水里了，用手去拉她，行不行呢？这是个难题，孟子说了，"嫂溺不援，是禽兽也"，嫂子掉水里了，不拉一把，那就是禽兽。"礼有经，亦有权。男女授受不亲，礼也；嫂溺援之以手，权也。"男女授受不亲，是基本原则；嫂子掉水里了，拉她一把，那是权变，实事求是，具体问题具体分析。

子曰："爱之，能勿劳乎？忠焉，能勿诲乎？"（《宪问》）

你要爱他，就要让他劳苦，不吃苦中苦，难得甜上甜；你对他忠诚，就要劝诫他。这两句女同志应该记住，按前一句对待孩子，按后一句对待老公。

子曰："可与言，而不与之言，失人；不可与言，而与之言，失言。知者不失人，亦不失言。"（《卫灵公》）

该同他谈话的时候不说，就会错过人才，不该同他谈却谈了，就是废话。

子曰："当仁，不让于师。"（《卫灵公》）

师，大部分都解释为老师，杨伯峻先生也是说老师。师也许还可以理解为军队，只要认准了仁德这个正道，即使是千军万马，朱镕基讲的万丈深渊地雷阵，也要勇往直前，孟子讲"虽千万人，吾往矣"。

有教无类。（《卫灵公》）

孔子的教育思想，不分重点校、重点班，教育平等，不搞花钱或者找关系择校那一套。

辞达而已矣。（《卫灵公》）

说话能达意就行了，写文章也一样，不用花言巧语，修饰太多。

孔子曰："益者三友，损者三友：友直，友谅，友多闻，益矣；友便辟，友善柔，友便佞，损矣。"（《季氏》）

好朋友有三种，正直的，信实的，见识广博的；坏朋友也有三种，谄媚逢迎的，阳奉阴违的，花言巧语的，这样的朋友不能交。元朝末年有个军阀叫陈友谅，名字就从这来的。

孔子曰："侍于君子有三愆（音 qiān）：言未及之而言谓之躁，言及之而不言谓之隐，未见颜色而言谓之瞽（音 gǔ）。"（《季氏》）

开会的时候，不该你说话，瞎说话，那叫太急躁了；该你说的时候，你又不说话，那就是故意隐瞒；不看时机贸然开口，那就是瞎子。

子曰："唯女子与小人为难养也，近之则不孙，远之则怨。"（《阳货》）

孔子轻视妇女吗？在那个时代，如果他喊出男女平等，妇女能顶半边天，那才奇怪呢。当然，他讲的女子肯定不是今天受过教育的职业女性，一定是当时地位比较卑下的奴婢之类的，奴婢和小人是不好相处的。你要亲近他吧，他就没礼貌，你要疏远他吧，他又怨恨。轻视妇女肯定不对，提防小人是必要的。

从政

子曰："道千乘之国，敬事而信，节用而爱人，使民以时。"（《学而》）

役使老百姓的时候要把握恰当的时机。他秋天正要收粮食，你非得让他去建阿房宫，春天正要种地，你非得让他去修长城，使民不以时，就叫暴政。

子曰："为政以德，譬如北辰，居其所而众星共之。"（《为政》）

以德治国，领导者的道德一旦树立起来了，自己就像北极星一样，但是别的星都围着他转。

子张学干禄。子曰："多闻阙疑，慎言其余，则寡尤；

多见阙殆，慎行其余，则寡悔。言寡尤，行寡悔，禄在其中矣。"（《为政》）

多听，把靠不住的，有疑问的放在一边，说靠谱的；多看，把有疑问的放在一边，然后实行那些有把握的，这样既没有别人去怨恨你，你自己也不用后悔，成长进步就指日可待了。

哀公问曰："何为则民服？"孔子对曰："举直错诸枉，则民服；举枉错诸直，则民不服。"（《为政》）

把正直的人放在邪僻的人上边，老百姓就服，把那些小人放在正直的人上边，老百姓就不服。一个单位搞不好，首先要从选人用人上找原因。

子曰："宁武子，邦有道，则知；邦无道，则愚。其知可及也，其愚不可及也。"（《公冶长》）

愚不可及，这个成语现在已经不是原来的意思了，这个宁武子，政治清明的时候就很聪明，政治昏乱的时候，他就很糊涂，他的聪明是可以学的，他的糊涂是学不来的。

子贡问政。子曰："足食，足兵，民信之矣。"子贡曰："必不得已而去，于斯三者何先？"曰："去兵。"子贡曰："必不得已而去，于斯二者何先？"曰："去食。自古皆有死，民无信不立。"（《颜渊》）

怎么实现国家治理，粮食足，武备足，老百姓信任，如果条件不具备，不得已去掉一条，那就先把部队去掉，实在不行，再去掉一条，粮食可以不要，人没吃的固然会饿死，但是如果没有老百姓的信任，国家一天也存在不下去。这当然是极而言之，强调人民信任的重要性。

> 哀公问于有若曰："年饥，用不足，如之何？"有若对曰："盍彻乎？"曰："二，吾犹不足，如之何其彻也？"对曰："百姓足，君孰与不足？百姓不足，君孰与足？"（《颜渊》）

有若是孔子的弟子。年成不好，财政收入不够用，鲁哀公问他怎么办呢？有若说那你就实行十分之一的税法，彻是一种税法，十分之一。哀公说，晕！十分之二我还不够用呢，怎么能实行十分之一呢？有若说，老百姓要是富足了，你怎么会穷呢，老百姓要是穷，你怎么会富呢。

> 季康子问政于孔子。孔子对曰："政者，正也。子帅以正，孰敢不正？"（《颜渊》）

政者正也，从政必须走正道，干正事。

> 季康子患盗，问于孔子。孔子对曰："苟子之不欲，虽赏之不窃。"（《颜渊》）

你要不贪心，你就是悬赏鼓励大家去偷，他也不会。

> 季康子问政于孔子曰："如杀无道，以就有道，何如？"孔子对曰："子为政，焉用杀？子欲善而民善矣！君子之德，

风；小人之德，草；草上之风，必偃。"（《颜渊》）

干部作风搞好了，民风自然会好起来。

　　子路问政。子曰："先之，劳之。"请益，曰："无倦。"
（《子路》）

子路问怎么来当官，孔子说，自己带头，然后让下属努力。子路想多学一点，说你多教点。孔子说没有别的了，就这么干，不要疲倦。

　　仲弓为季氏宰，问政。子曰："先有司，赦小过，举贤才。"
（《子路》）

先有司，给下边带头；赦小过，宽恕那些无心之失、小的毛病；推举贤良的人。

　　子曰："其身正，不令而行；其身不正，虽令不从。"
（《子路》）

正人先正己，台上讲多少大道理，都不如以上率下。

　　子适卫，冉有仆。子曰："庶矣哉！"冉有曰："既庶矣，又何加焉？"曰："富之。"曰："既富矣，又何加焉？"
曰："教之。"（《子路》）

孔子到卫国去，冉有给他赶车，孔子感叹一句，人真多啊！冉有问，人多了，怎么办呢？说让他们富裕。富裕了以后怎么办呢？说教育他们。先有物质文明，再有精神文明，仓廪实而知礼节，衣食足而知荣辱，这是管子说的，春秋时代就是这个观点。

> 叶公问政。子曰："近者说，远者来。"（《子路》）

搞好周边外交，争取更多好邻居；搞好大国外交，争取更多好伙伴。我们的朋友遍天下。

> 子路问事君。子曰："勿欺也，而犯之。"（《宪问》）

子路问他怎么跟国君打交道，不一定非得是国君啦，古人管上级都叫君，管父亲还叫家君呢。跟上级打交道，不要欺骗他，但是可以犯颜直谏。遗憾的是，这样的圣人之教，有人却偏偏是反着实行，当面顺着说，背后逆着干。

> 子曰："不在其位，不谋其政。"曾子曰："君子思不出其位。"（《宪问》）

这句话我们现在不太讲，因为似乎跟有些东西是矛盾的，比如先天下之忧而忧、后天下之乐而乐，天下兴亡、匹夫有责，怎么能不在其位，不谋其政呢。我觉得孔子讲的有他的道理，身无半亩，心忧天下是对的，但具体的政务，各有各的职责，先做好自己的事，少去过多干预别人的工作。

> 子曰："直哉史鱼！邦有道，如矢；邦无道，如矢。君子哉蘧（音 qú）伯玉！邦有道，则仕；邦无道，则可卷

而怀之。"（《卫灵公》）

孔子夸奖这两个人，一个是史鱼，国家政治清明的时候，他正直得像射出去的箭，政治昏乱，他还是那么正直。蘧伯玉则不同，邦有道，他就正直，邦无道，他就躲开了，卷而怀之。

这里有个史鱼的典故。史鱼当时是卫国的大夫，临终前，他嘱咐他儿子，说我死以后，治丧的时候，不能在正厅，要在偏房，并把道理向儿子交待了一番。他死了，卫国国君来吊唁，当时就很奇怪，问他儿子怎么在偏房治丧，儿子说我父亲临终嘱咐了，说他自己有愧。有什么愧呢？他说活着的时候，没有能让国君亲近君子蘧伯玉，远离小人弥子瑕，所以他觉得自己不配在正室里治丧。这叫史鱼尸谏，死了以后进谏。卫君受到触动，以后果然重用蘧伯玉，斥逐弥子瑕。

子张问于孔子曰："何如斯可以从政矣？"子曰："尊五美，屏四恶，斯可以从政矣。"子张曰："何谓五美？"子曰："君子惠而不费，劳而不怨，欲而不贪，泰而不骄，威而不猛。"子张曰："何谓惠而不费？"子曰："因民之所利而利之，斯不亦惠而不费乎！择可劳而劳之，又谁怨？欲仁而得仁，又焉贪？君子无众寡，无小大，无敢慢，斯不亦泰而不骄乎！君子正其衣冠，尊其瞻视，俨然人望而畏之，斯不亦威而不猛乎！"子张曰："何谓四恶？"子曰："不教而杀谓之虐；不戒视成谓之暴；慢令致期谓

之贼；犹之与人也，出纳之吝谓之有司。"（《尧曰》）

五美不说了，四恶可以解释一下，不加教育直接杀戮叫虐；平时不加训诫，散漫放羊，到年底突然想起要成绩了，这叫作暴；过程中不加督促而突然限时限刻叫作贼；该给人花钱的时候小气抠门，叫作小家子气。我觉得"不戒视成"似乎还可有另一解：平时不训诫，坐视他把小错积成大错，这样对于前后文好像更顺一些。当领导要避免四恶，用好四种形态，平时加强监督管理。

（明）蒋嵩《渔舟读书图》

第三辑

书边碎语

从"八大家"开始，文章受"载道"之害更是日益为甚了，每个文人都以为自己的一文一言皆关乎世道人心，皆肩负"立心、立命、继绝学、开太平"的重任，文章严肃得像涂在墙上的沥青，厚重得快要滴下来。幸亏明末有个张岱往回拽了一把，多少还保留了一点凡人的味道，否则，一张圣人的脸不知要一直拉到多长，文章更不知要一直严肃到何种程度。

读《庄》偶得

说"庄子说不得"，其实也是一种"说"，这正如说庄子
唯一的价值判断是"不持价值判断"。必不得已而说庄，只说
一句"庄子说不得"，庶几靠谱儿乎？

庄子千古一人，读庄，先须努力将头脑清空，否则难以进
入他的天地。庄子不是用来批判的，也不是用来崇拜的，因为
他从不认为自己揭示了什么"真理"，而只是让你换个角度去
思考。

庄子喜欢用"游""忘"二字，此二字也应作为读庄的心诀，
读庄，非"游"无以"忘"，非"忘"不能"游"。

庄子曰：吾生也有涯，而知也无涯，以有涯随无涯，殆矣。

项莲生曰：不为无益之事，何以遣有涯之生。

读庄，进不可治国，退不可齐家，聊以遣有涯之生耳。

庄子的另一个关键词是"顺"，安时而处顺，顺之则虎媚
丁养虎者。

"颜回见仲尼请行"一段，其要在"心斋"二字，去除名利之心，保持心境空明。"叶公子高将使于齐"一节，其要在"知其无可奈何而安之若命"，强调顺任自然，自然而然。"颜阖傅卫灵公太子"一段，其要在"顺"，顺势而为。

《人间世》的全部主旨，大概就是最后那几句话：山木自寇也，膏火自煎也。桂可食，故伐之；漆可用，故割之。人皆知有用之用，而莫知无用之用。

一部《庄子》，说者甚多。止庵先生有《樗下读庄》，对庄子多有发明。他的《远书》中有一篇，谈对于《齐物论》中"以指喻指之非指，不若以非指喻指之非指也"一段的理解，认为：若以"不若"为"不如"意，那么作者就是有个价值判断的，这样怎能得出"天地一指也，万物一马也"的结论呢？各家著作无一不如此解释，而完全不考虑其间矛盾之处。应理解为疑问句式才讲得通，即将"不若"理解为"不是一样吗？"，抹杀了其间的价值判断，这样才能得出"天地一指也，万物一马也"的结论。

按照陈鼓应先生的解释，那句话是说：从 A 的观点来解说 A 不是 B，不如从 B 的观点来解说 A 不是 B。这强调的是换位思考，其意在调和彼我立场。世人对客观外物的纷争，其实不过是由于出发点和立场不同而已，若是改变了出发点，调和了立场，则天地就是一指，万物就是一马。这样，尽管句式不改，"不若"也不必解释为"不是一样吗"，其实也还是不持价值判断的，庄子也还是那个庄子。

其实，庄子也是有价值判断的，他的唯一价值判断就是"不持价值判断"。《齐物论》的主旨是肯定一切人与物的独特意义及其价值。物之不齐，物之性也；但是，不齐之物都有自己的独特意义和价值，不可互相取代，也无分高低贵贱。从这个意义上，万物又是齐一的。小知大知、小年大年、大鹏与斥鴳，原本并无高下之分，它们都是"有待"的，都是相对的，庄子并没有贵大鹏而贱斥鴳，"不及"也不是"不如"。只有达到一切"无待"的境地，即个人精神的绝对自由，不受任何外物限制，齐视生死，甚至忘了生死，这才能达到逍遥的状态。王孝鱼先生《庄子内篇新解》即持此论。

一孔愚见，那句话不如解释为：从A的观点来解说A不是B，不如从B的观点来解说A不是B，而从B的观点来解说A不是B，又不如从非A非B的观点来解说A不是B……算了吧，都是由于出发点和立场不同而产生了这些纷争，只要泯绝了一己之狭隘立场，则天地万物，皆归于一。

庄子是虚无和相对的，读庄，也不能以实有和绝对的态度来读。读庄，必须放空自己，随着他诡谲的文字，遨游于绝对自由的精神领域，得鱼忘筌，欲辩忘言，优哉游哉，彷徨乎，逍遥乎。每个人有每个人的庄子，后人为解庄而议论纷纷，殊不知庄子正寝卧在云端之上，掩口胡卢偷着乐呢！

庄子不是用来解的，也不是用来讲的，而是用来悟的。在悟的过程中，与庄偕游。

　　庄子说不得，一说便俗。也许只有删了上边的这些文字，才算离庄子近了一点。

　　说"庄子说不得"，其实也是一种"说"，这正如说庄子唯一的价值判断是"不持价值判断"。必不得已而说庄，只说一句"庄子说不得"，庶几靠谱儿乎？

黛玉之美

我想，在万千读者心中，黛玉也有万千种不同形象，在这世上，是绝找不出一个现实中人，可以完全与之契合的。

前一段网上热议新版电视剧《红楼梦》，对剧中黛、钗诸艳多有讥评，至于新版《三国》，观众对貂蝉、二乔等似乎也有许多不满意。其实，荧屏上的她们何尝是不"美"，只是美得不"像"而已。

那么，黛玉之美，究竟是怎样的一种美呢？

《红楼梦》第三回宝黛初会，宝玉眼里的黛玉是这样的：

两弯似蹙非蹙笼烟眉，一双似喜非喜含情目。态生两靥之愁，娇袭一身之病。泪光点点，娇喘微微。闲静似娇花照水，行动似弱柳扶风。心较比干多一窍，病如西子胜三分。

这就是大师笔下的黛玉之美。她的美，美在眉目之间。那不是一种具体、直观的美，而是一种朦胧之美、想象之美。试想，谁人的画笔，画得出那"似蹙非蹙笼烟眉，似喜非喜含情目"呢？那眉目之间的朦胧，似山之烟岚、水之氤氲。实际上，在诗人眼里，自然之山水与美人之眉目，原本就是可以互喻的。宋人王观的词是这样说的："水是眼波横，山是眉峰聚。欲问行人去那边？眉眼盈盈处。"我想，欲说黛玉那眉目之间的美，怕也只得用这秋水般飘渺的"盈盈"二字。

黛玉之美，美在神态之上。刻画她的美，可以用局部比喻的笔法，但比喻往往又是苍白无力的，非得有传神妙笔，才能让读者自己去体会那整体的神态之美。不由想起《诗经》里的美人庄姜，说她：

> 手如柔荑，肤如凝脂，领如蝤蛴，齿如瓠犀，螓首蛾眉，
> 巧笑倩兮，美目盼兮。

清人孙联奎评说道："曰'手如柔荑'云云，犹是以物化物，未见其神。至云'巧笑倩兮，美目盼兮'，则传神写照，正在阿堵，直把个绝世美人，活活地请出来在书本上滉漾，千载而下，犹如亲其笑貌，此可谓离形得似者矣。似，神似，非形似也。"

这段话，用来体会黛玉的神态之美，是很恰当的。其实，在《红楼梦》书中，直接描写黛玉形象的，只有前边这么短短的几句。这几句固然传神，但黛玉的形象，还是要通过她的一颦一笑、

一娇一痴、一喜一嗔、一言一动、一诗一咏，在她那一低首一回眸、一悲啼一婉转之间，才不断饱满起来，生动起来，使她最终从书本里走出来，走到每一个读者的心目中。

因此，黛玉之美，只能是文学之美。那种美，可得诸抽象之文字，不可见诸具体之形象。很多人也许还念念不忘陈晓旭饰演的黛玉，而陈晓旭何尝就是黛玉？我想，在万千读者心中，黛玉也有万千种不同形象，在这世上，是绝找不出一个现实中人，可以完全与之契合的。

我们还是不要难为那些演员们了吧，而应该效法古人，原谅那位替王昭君画像的宫廷画师，说一句：意态由来画不成，当时枉杀毛延寿。

食色之美

想来人的思绪很怪，见食思色、见色思食，总是喜欢把它们往一起凑。其实说白了，人哪，也不过就是那么一点事儿，美不美的，随他去吧。

古人云"饮食男女，人之大欲存焉"（《礼记》），又云"食色，性也"（《孟子》），可见"食"与"色"这两件事联系之紧密。

偶读胡文辉《拟管锥编》，有《饮食男女之间》一文，谈到钱钟书《管锥编》中说："《诗经·周南·汝坟》：未见君子，惄（音逆，忧思）如调饥。《笺》：调，朝也。……如朝饥之思念。"钱氏说："按以饮食喻男女，以甘喻匹，犹巴尔扎克谓爱情和饥饿类似也。"又说："小说中常云：'秀色可餐'，'恨不得一口水吞了他'。"

据胡文说，发现此事的，闻一多更早。闻氏《高唐神女传说之分析》（1935年）中，引证《诗经》《楚辞》多处说法，"皆是借口腹之欲喻指云雨之欢。"胡文还进一步申说，食色互喻，并非中国特有之现象，在一些外国语言中，二者甚至以相同的词语表达。

不过细想起来，所谓食色互喻，总还有个"本体"和"喻体"的问题。上面说的还只是以食喻色，即"以饮食喻男女""借口腹之欲喻指云雨之欢"是也。诸如以"削葱根"喻纤纤玉手(《孔雀东南飞》)、以"梨颊微涡"喻女子笑靥(《鹤林玉露》)、"小姑娘的脸蛋儿好像红红的苹果"等等，大抵如此。另外如"姑娘的舌头腊汁肉"(《白鹿原》)，以及民间以枣馒头喻乳房等，虽显"色情"了一点，但意思也都是一样的。

以食喻色，容易露出某种馋相儿，见到美色便垂涎欲滴。反过来，以色喻食，似乎要好一些。前不久读了一本名为《无非求碗热汤喝》的书中，就有不少这样的"妙喻"，不妨抄录数则：

"四川泡菜配白粥，如千娇百媚的妖女搭上白净厚道的书生，风情难描难画。"

"白切羊肉有脂膏凝冻，一见热粥就融，好像冰山美人被哄动了心，酥了半边，令人消魂。"

"梅菜扣肉包，油重香浓。可惜此包做得不得其法，吃完之后有点男女主角刚开始接吻就一转镜头、翌日二人一起吃早餐的不过瘾感。"

"吃汤包有点像一见钟情，只来得及惊鸿一瞥伊的绝世容颜，来不及细看一眼，就吧唧吧唧地爱上了。"

食色互喻，乃相互替代的心理作用。前引钱著中就提到曹植的《洛神赋》"华容婀娜，令我忘餐"，沈约的《六忆诗》"忆来时……相看常不足，相见乃忘饥。"并非一见到美色便像饿汉看到红烧肉一样猛扑上去，必欲啖之而后快，而是可以"忘餐"甚而"忘饥"的。

想来人的思绪很怪，见食思色、见色思食，总是喜欢把它们往一起凑。上至皇亲贵戚，下至文人墨客，饮宴之时总少不了美女歌舞。其实说白了，人哪，也不过就是那么一点事儿，美不美的，随他去吧。

寂静与嘈杂

　　钱先生引叔本华的话说，思想家应当耳聋，"因为耳朵不聋，必闻声音，声音热闹，头脑就很难保持冷静，思想不会公平，只能把偏见来代替。"我想，时下之缺乏思想家以及偏见之盛行，大概都是嘈杂惹的祸吧。

　　北京的生态环境大概是在不断变好吧，闹市中的乌鸦似乎比前几年更多了些。每天早上，我都是在一群群乌鸦"啊——啊——啊"的叫声中醒来，此时总会想起钱钟书先生《一个偏见》（《写在人生边上》，中国社会科学出版社 1990 年版）中的那一段"绝妙好辞"：

　　"每日东方乍白，我们梦已迥而睡未醒，会听到无数禽声，向早晨打招呼。那时夜未全消，寂静还逗留着，来庇荫未找清的睡梦。数不清的麻雀的鸣噪，琐碎得像要啄破了这个寂静；乌鹊的声音清利像把剪刀，老鹳鸟的声音

身無半畝 心憂天下

讀破萬卷 神交古人

（近代）梁启超书法

滞涩而有刺像把锯子，都一声两声地向寂静来试锋口。但寂静似乎太厚实了，又似乎太流动了，太富于弹性了，给禽鸟啼破的浮面，立刻就填满。雄鸡引吭悠扬的报晓，也并未在寂静上划下一道声迹。慢慢地，我们忘了鸟啼是在破坏寂静，似乎寂静已将鸟语吸收消化，变成一种有声音的寂静。此时只要有邻家小儿的啼哭，楼上睡人的咳嗽，或墙外早行者的脚步声，寂静就像宿雾见了朝阳，破裂分散得干净。"

钱先生将人为之声称为"人籁"，而将人以外万物发出的声音归为"天籁"，并说"人籁是寂静的致命伤，天籁是能和寂静溶为一片的"。不是吗？我刚刚还在乌鸦们营造的天籁中朦胧，马上就被四邻——确切说应该是"六邻"，楼房居室之前后左右上下是也——制造的人籁所包围：有沙哑男子在高唱《天上有个太阳》："我不知道，我不知道"；有锐利妇人在叱骂丈夫或孩子：歇斯底里间或摔东西；有实习演奏家在练拉二胡：其声嘎嘎然；有未来孟姜女在学哭长城：其声呜呜然；有业余模特穿了高跟鞋来来回回走台步：咔咔咔咔；有家庭厨师提了大菜刀反反复复剁肉馅：咚咚咚咚。我听得烦了，穿了衣服提了包，先是"咣当"一声摔上家里防盗门，随后"咕咚"一脚震亮走廊声控灯，加重脚步雄赳赳气昂昂地上班去了。

细细想来，钱先生说"人籁是寂静的致命伤"，似乎也不尽然。

"柴门闻犬吠，风雪夜归人"，远行夜归的丈夫，那脚步声与小犬狂吠声相叠加，并不曾打破这寂静，而对于望眼欲穿的佳人，又该是何等的福音；"鸟宿池边树，僧敲月下门"，月夜来访的闲僧，那叩门声与宿鸟呢喃声相映衬，也并不曾打破这寂静，而对于高卧窗下的隐士来说，又该是何等的佳韵。小时候在老家，早上半睡半醒中听到街上卖豆腐的那一腔长声吆喝，不是也一样地悠远而悦耳吗？此等人籁，并不破坏寂静，而是为寂静加一点人气，让人体会到一种天地人和的大寂静，那人籁也是和寂静融为一片的。

婴儿啼哭、睡人咳嗽、早行者脚步声，这些还是"天然的人籁"，尚且不难忍受。真正恼人的，是现代种种"人为的人籁"，包括各种人造物的鸣声，以及借助于机械扩而大之的人声。这些"人为的人籁"，才可以算作真正的嘈杂。在制造嘈杂方面，古人真不可及今人之万一。试想，古人再闹，亦不过是"车辚辚，马萧萧"，又怎比今日的马达轰响、汽笛长鸣？苏东坡"划然长啸"，固然使得"草木震动，山鸣谷应，风起云涌"，但又怎比今日中小学校操场上，体育老师或教导主任借助麦克风的口号或训话声？昔日老北京走街串巷的小贩那一声叫卖，又怎比时下街上录音机里反复播放的、用豫皖川湘等各种口音录制的卖或买的广告声？

钱先生引叔本华的话说，思想家应当耳聋，"因为耳朵不聋，必闻声音，声音热闹，头脑就很难保持冷静，思想不会公平，只能把偏见来代替。"我想，时下之缺乏思想家以及偏见之盛行，大概都是嘈杂惹的祸吧。

　　我们讨厌嘈杂，只是讨厌别人的嘈杂，正像睡觉打鼾的人不讨厌自家鼾声，而只对他人之鼾不可忍受。其实我们自己也无时无刻不在制造嘈杂。想到这儿，不免也学钱先生《谈教训》一篇的结尾一样，"扯个淡收场罢"。

闲扯口吃

　　和口吃者在一起，一是不要笑他，二是不要故意学他，三是最好不要和他吵架，以免让人觉得胜之不武。

　　胡文辉《拟管锥编》有一篇《学人与口吃》，谈到冯友兰、顾颉刚、王国维等近代名人都有口吃的毛病。文中提到，鲁迅在《故事新编·理水》中写到一位学者"吃吃地"说："这这些些都是废话……其实并没有所谓禹，'禹'是一条虫，虫虫会治水的吗？我看鲧也没有的，'鲧'是一条鱼，鱼鱼会治水水水的吗？"这据说就是影射顾颉刚的。

　　这些旧文坛的事且不去管它，还是听在下来扯一扯。近两年人们喜欢说"史上最……"，我想，史上最著名的口吃者，大概莫过于汉初的周昌和魏晋之际的邓艾了。

　　先说周昌。据《史记·张丞相列传》，汉高祖刘邦欲废太子刘盈，而立戚姬之子如意为太子，群臣谏阻不听。时周昌为御史大夫，"廷争之强，上问其说，昌为人吃，又盛怒，曰：'臣口不能言，然臣期期知其不可。陛下虽欲废太子，臣期期不奉诏。'上欣然而笑。"

再说邓艾。《世说新语·言语》有一则："邓艾口吃，语称'艾艾。'晋文王（司马昭）戏之曰：'卿云艾艾，定是几艾？'对曰：'凤兮凤兮，故是一凤。'"

这两位大名鼎鼎的口吃者，联袂造就了一个专门用来形容口吃的成语：期期艾艾。

口吃者说话，每惹人笑，影视作品中常见。冯小刚电影《天下无贼》中，范伟饰演的打劫者，头戴面具，手举斧子，一进车厢就大声喊："打打打打……"，那个"劫"字总说不出来，直到边上的同伙替他说出个"劫"字才罢。

口吃对于口吃者来说，是个痛苦，有同情心的人不该去笑他——尽管有时确实让人忍俊不禁。我的建议，和口吃者在一起，一是不要笑他，二是不要故意学他，三是最好不要和他吵架，以免让人觉得胜之不武。

对于口吃者来说，如果实在不能矫正，那么最好能有邓艾之智；倘无邓艾之智，那也应该有周昌之勇：在诸如废立太子这样的大大大关节、大大大是非面前，就算说得再再再费劲，也也也要把话讲讲讲出来。

村上春树的理想派对

从"八大家"开始，文章受"载道"之害更是日益为甚了，每个文人都以为自己的一文一言皆关乎世道人心，皆肩负"立心、立命、继绝学、开太平"的重任，文章严肃得像涂在墙上的沥青，厚重得快要滴下来。偶尔读一点村上春树，也许可以把我们始终向下拉的嘴角稍稍往上翘一翘。

村上春树的书，买过不少，读过的还真不多。最近偶尔读到他的一本随笔集，名字怪怪的，叫《大萝卜和难挑的鳄梨》，最初是被这个怪名字所吸引才开始读的，一开始读，就被他的文字所吸引。

书中有一篇叫《派对是我的弱项》，其中一段是这样写的：

我认为最理想的派对应该是这个样子：人数在十到十五人之间，人人悄声交谈；大家都不交换什么名片，也不谈论工作；房间的一角，弦乐四重奏规规矩矩的演奏着莫扎特；不怕人的暹罗猫惬意地睡在沙发上；美味的黑品诺葡萄酒已经打开瓶盖；从露台可以眺望夜幕下的大海，海面上浮着半轮琥珀色的月亮；微风带来无限芬芳，身着丝绒晚礼服，睿智而美丽的中年女子亲切地向我详细解释鸵鸟的饲养方法。

这老东西！想得真美！这样的派对，对谁不是最理想的呢？我想，这种理想的派对，对于村上来说恐怕也仅仅是"理想"而已吧，因为他最后说："可能的话，有没有哪位开一场试试？"

派对，中国人叫聚会。关于聚会，过去有"四美""二难"之说。"四美"者，良辰、美景、赏心、乐事也；"二难"者，贤主、嘉宾也。我现在能想起来的兼具四美二难的聚会，只有王羲之的兰亭之会和王子安的滕王阁之会。所以，村上的理想，实现起来大概是很难的吧？

其实在我看来，他也未免太苛刻了些，对于我来说，条件就可以放宽很多了：人数嘛，三五人不为少，二三十人也不为多；悄声交谈当然最好，偶尔也不妨开怀大笑，交换名片当然还是免了最好，至于工作，稍稍一谈也没关系；音乐呢，不拘是莫扎特还是肖邦、施特劳斯，反正我也不大懂，其实琵琶、古筝、洞箫大体上也都不坏，实在不行有邓丽君、李谷一的歌也不错，太新的歌不行，听不清词，有时即使听清了也不懂是什么意思；暹罗猫嘛，完全可以不必出场，至于酒呢，还是品种多一些为佳，最好红、黄、白、啤外加苏格兰威士忌和俄罗斯伏尔加，最最好还供应古巴雪茄和英国三五，而同座中恰好没有怀孕或对香烟过敏的女士或男士；海上明月亦可，梧桐夜雨亦可，雪映红梅亦可，风吹竹林亦可，实在不行，即便没有风花雪月，只要PM2.5数值在100以下，基本也就可以了。最重要的还是女主人，"睿智而美丽"，太好了！其实睿智大可不必，别太俗即可；美丽大可不必，别太丑就行。至于谈什么——是鸵鸟还是小猫小狗的饲养方法都无所谓，大凡与真、与善、与美有关的话题都可以谈，只要她别太多地谈老公会当官能赚钱或者孩子学习好有出息就行；假如，她恰好能谈谈诗、谈谈文、谈谈史，那就太好了；又假如，她肯托腮凝眸、静静地听我谈诗、谈文、谈史，偶尔露出会心的微笑，那就再好不过了！

如今在我们这里，这样的家庭聚会似乎不那么时兴了，其实旧时在北平、上海的知识界，类似的家庭沙龙也是很多的，我现在能想到的，有知堂老人的苦雨斋聚会，以及梁思成、林徽因夫妇的家庭沙龙。前者多见于知堂及其弟子、朋友们的书信和文章；后者则是当时北平最有名的文化沙龙，座上宾包括徐志摩、沈从文、金岳霖、朱光潜、胡适之等衮衮诸公，更因为冰心先生的小说《我们太太的客厅》而广为人知。冰心先生描写的女主人即"我们太太"是这样的：

太太已又在壁角镜子里照了一照，回身便半卧在沙发上，臂肘倚着靠手，两腿平放一边，微笑着抬头，这种姿势，又使人想起一幅欧洲的名画。

当然，冰心先生的这篇小说是带有讽刺意味的，不过，此类"谈笑有鸿儒，往来无白丁"的雅聚，毕竟与那种吃吃喝喝、大呼小叫的酒局是大不相同的。

其实，雅俗各得其宜，只要不是滥用公帑大吃大喝，朋友们偶尔聚聚喝点酒，甚至有节制地闹一闹，原本是无可厚非的。想起《史记·滑稽列传》里的淳于髡，其酒量与聚会的热闹程度呈正比，他"最理想的派对"是这样的：

> 若乃州闾之会，男女杂坐，行酒稽留，六博投壶，相引为曹，握手无罚，目眙不禁，前有坠珥，后有遗簪……日暮酒阑，合尊促坐，男女同席，履舄交错，杯盘狼藉，堂上烛灭，主人留髡而送客，罗襦襟解，微闻香泽，当此之时，髡心最欢，能饮一石。

这厮！比村上想的还美！村上听"睿智而美丽"的女主人讲完鸵鸟的饲养方法之后大概就该告辞了，淳于却还要那主人单独留下过夜，在"罗襦襟解，微闻香泽"之后，下来大概该洗澡了……哎呀！快要儿童不宜而且犯生活作风错误了，还是打住吧。

最后还是回到村上的文章。这本随笔集里大多是一些闲话，每每有一种小大人似的认真加上老小孩似的调侃味道。其实，写作大体就是这么一回事，世上原本没有那么多的事值得一本正经地谈，能从家长里短中透出一点性情和趣味，基本就算得上是好文章了。

中国的文章，历来有"载道"的传统，即便是上引淳于髡的那番"滑稽"的话，也是为了说明"酒极则乱、乐极则悲"的大道理，"讽谏"齐威王"罢长夜之饮"。从"八大家"开始，文章受"载道"之害更是日益为甚了，每个文人都以为自己的一文一言皆关乎世道人心，皆肩负"立心、立命、继绝学、开太平"的重任，文章严肃得像涂在墙上的沥青，厚重得快要滴下来。幸亏明末有个张岱往回拽了一把，多少还保留了一点凡人的味道，否则，一张圣人的脸不知要一直拉到多长，文章更不知要一直严肃到何种程度。因此，偶尔读一点村上春树，也许可以把我们始终向下拉的嘴角稍稍往上翘一翘。

读汪曾祺《岁朝清供》偶记

思念，恐怕还就是蓝色的。赤、橙、黄、绿、青、紫，哪一个能代表思念呢？除蓝以外，大概只有紫了，这也是借了蓝的光——"一般蓝色的花都带点紫"。

蛛网上的露水

夏天的早晨真舒服。空气很凉爽，草上还挂着露水（蜘蛛网上也挂着露水），写大字一张，读古文一篇。夏天的早晨真舒服。

——《夏天》

注意到蜘蛛网上的露水，大概算不上独具只眼，我们也许都曾看到过，只是没想到这也能写出来，而且是那样美。

汪公散文，颇具诗味。若将这几句稍改一下标点符号，然后分行来写，不就是诗吗？

（明）陈洪绶《清供图》

夏天的早晨真舒服，空气很凉爽

草上还挂着露水，蜘蛛网上也挂着露水

写大字一张，读古文一篇

——《夏天的早晨真舒服》

井水浸西瓜

西瓜以绳络悬之于井中，下午刨食，一刀下去，咔嚓有声，凉气四溢，连眼睛都是凉的。

——《夏天》

此语颇有《东坡志林》笔意。"连眼睛都是凉的"一句，大妙。这样的事，小时候在农村老家也做过，只是那时西瓜不易得，孩子嘴馋，早就等不得了。刨瓜的时候，眼里冒着焰腾腾的火，口角流着热辣辣的涎，并没有觉得身上哪里是凉的。

美人足

曾见刘旦宅画"广州春节花市所见"，画的是一个少妇的背影，背兜里背着一个娃娃，右手抱一大束各种颜色的花，左手拈花一朵，微微回头逗弄娃娃。少妇著白上衣，银灰色长裤，身材很苗条。穿浅黄色拖鞋。轻轻两笔，勾出小巧的脚跟。很美。这幅画最动人之处，正是脚跟两笔。

——《岁朝清供》

写少女、少妇足之美，于汪公文中并非仅见。《受戒》中的小英子"在柔软的田埂上留下一串脚印。明海看着她的脚印，傻了。五个小小的趾头，脚掌平平的，脚跟细细的，脚弓部分缺了一块。明海身上有一种从来没有过的感觉，他觉得心里痒痒的。这一串美丽的脚印把小和尚的心搞乱了。"

写美人之足，毫无轻佻猥亵，唯纯、唯美，让人"觉得心里痒痒的"，但仅此而已。谓之"思无邪"，可也。

殿后

小校场是很偏僻的地方。附近没有什么人家。有一回，我和几个女同学去捡茅栗子，天黑下来了，我们忽然有些害怕，就赶紧往城里走。路过一家孤零零的人家门外，门前站着一个岁数不大的人，说："你们要茅栗子么？我家里有！"我们立刻感到：这是个坏人。我们没有搭理他，只是加快了脚步，拼命地走。我是同学里唯一的男子汉，便像一个勇士似的走在最后。到了城门口，发现这个坏人没有跟上来，才松了一口气。当时的紧张心情，我过了很多年还记得。

——《淡淡秋光》

勇气可嘉，只是没有能效法那"不伐"的孟之反，说："不是我敢于走在最后，是因为腿打哆嗦走不快呀！"（《论语·雍也篇》）惜哉！

缸种荷花

我们家每年要种两缸荷花，种荷花的藕不是吃的藕，要瘦得多，节间也长，颜色黄褐，叫作"藕秧子"。在缸底铺一层马粪，厚约半尺，把藕秧子盘在马粪上，倒进多半缸河泥，晒几天，到河泥坼裂，有缝，倒两担水，将平缸沿。过个把星期，就有小荷叶嘴冒出来。过几天荷叶长大了，冒出花骨朵了。荷花开了，露出嫩黄的小莲蓬，很多很多花蕊，清香清香的。

——《花》

将来一定要试一试，只是马粪恐怕不容易弄到。

想起很早以前看的一部德国电影（好像是"东德"的，记不清名字了，也许是电视剧）：小兄弟两个想要作弄独身父亲的女朋友，准备将一个装满马粪的点心盒送给她，但苦于弄不到马粪，于是求助于邻居家一个调皮男孩。那男孩向他们要了一笔数目不小的钱，说：那东西可不容易搞到！看电影时想起村里满街马粪，因此觉得好笑。后来进了城，才知道那东西确实不容易搞到。

蓝色的勿忘我

Forget-me-not——勿忘我，名字很有诗意，花实在并不好看。……花甚小，附茎而开，颜色正蓝。蓝得很正，就像国画颜色中的"三蓝"，花里头像这样纯正的蓝色的还很少见——一般蓝色的花都带点紫。

为什么西方人把这种花叫作Forget-me-not呢？是不是思念是蓝色的。

——《花》

思念，恐怕还就是蓝色的。赤、橙、黄、绿、青、紫，哪一个能代表思念呢？除蓝以外，大概只有紫了，这也是借了蓝的光——"一般蓝色的花都带点紫"。

雨天对酌

我和朱德熙曾于大雨少歇之际，到莲花池闲步。雨又下起来了，我们赶快到一个小酒馆避雨。要了两杯市酒（昆明的绿陶高杯，可容三两），一碟猪头肉，坐了很久。……四十年后，我写了一首诗，用一张毛边纸写成一个斗方，寄给德熙：

莲花池外少行人，

野店苔痕一寸深。

浊酒一杯天过午，

木香花湿雨沉沉。

……德熙在美国病逝快半年了，这幅字还挂在他在北京的书房里。

——《花》

想起白居易那首《问刘十九》："绿蚁新醅酒，红泥小火炉。晚来天欲雪，能饮一杯无。"雨雪天气，得一知己，对坐小酌，真可谓人生快事。

"事无美恶"歌

教无美恶，劝善便好；政无美恶，利民便好。

据刀尔登在《不必读书目》中说，有人喝茶能判断茶树生长的海拔，有人能喝出采茶女是用胰子洗手而不是皂角，他却只知道"这次的很烫"。生活中常见人"术业有专攻"，喝酒必讲年份，穿衣必论品牌，屁大个事儿也能洋洋洒洒写出十万字雄文。宋江精细，吃得出那鱼是腌过的；李逵粗豪，抓过来便连骨头也嚼了。仆也粗鄙，学不会那般复杂，转来又想，生活也许原本就很简单，故做"事无美恶"歌，聊以自遣：

茶无美恶，滚烫便好；烟无美恶，点着便好。

食无美恶，疗饥便好；衣无美恶，御寒便好。

酒无美恶，浇愁便好；色无美恶，解人便好。

车无美恶，慢行便好；床无美恶，睡着便好。

花无美恶，月下便好；月无美恶，相思便好。

春无美恶，踏青便好；秋无美恶，登高便好。

雨无美恶，卧听便好；风无美恶，凭窗便好。

雪无美恶，早归便好；露无美恶，晚行便好。

文无美恶，通达便好；字无美恶，认得便好。

画无美恶，远看便好；乐无美恶，隔水便好。

书无美恶，耐读便好；读无美恶，会心便好。

貌无美恶，微笑便好；笑无美恶，真笑便好。

言无美恶，慎言便好；情无美恶，多情便好。

聚无美恶，散了便好；离无美恶，再见便好。

居无美恶，有书便好；行无美恶，回来便好。

理无美恶，合情便好；德无美恶，宽容便好。

教无美恶，劝善便好；政无美恶，利民便好。

生无美恶，无病便好；死无美恶，不拖便好。

家无美恶，有家便好；事无美恶，无事便好。

也谈关索之谜

西南滇黔诸多关索痕迹，其渊源系诸葛南征，这一点诸家
多有论述，似不必怀疑。至于关索之名，或为关兴因"关帅""关
爷"而讹为关索，抑或根本就是关羽本人的影子。

陆灏先生《听水读抄》（海豚出版社 2014 年 2 月第 1 版）
中有一篇《关索之谜》，说的是《三国演义》中"关公第三子
关索"的来历，谈到王古鲁、周绍良、周寿昌等人的考证，一
说关公封地汉寿，本名索，后人因"关汉寿"之称，或谓"关索"；
一说西南夷谓爷为索，关索寨即关爷寨，皆尊称也。陆先生写
道："无论'索'是指汉寿，还是指爷，关索其实就是关羽。
但关羽足迹从未至滇黔，何以西南有那么多以关索命名的地方？
仍不解。"

案《三国志》，关羽有二子，一为关平，与父俱亡于临沮；
一为关兴，"字安国，少有令问，丞相诸葛亮深器异之。弱

冠为侍中、中监军，数岁卒。"而《三国演义》上说，关平乃关羽义子，与父同亡；关兴出场于第七十四回，关羽擒于禁之后，至第一百二回"忽报关兴病亡"；关索出场于第八十七回，"忽有关公第三子关索，入军来见孔明"，随同孔明征南，第八十九回以后就消失了。过去自己读《三国演义》时，也曾困惑于关索的"来也匆匆，去也匆匆"，有头而无尾。

巧的很，这两天刚刚买到苏醒先生整理的《徐兆玮杂著七种》（凤凰出版社2014年3月第1版），其中的《黄车掌录》卷二、卷三有两篇名为"关索"的文字，读下来知道，关索之谜由来已久，除了汉寿和爷，还有一些其他的说法。

据潘建国先生在该书前言里说：徐兆玮（1867—1940），字少逵，号虹隐，别署剑心，常熟人，光绪十六年进士，后参加同盟会，民初任国会议员。曹锟贿选总统，徐拒贿南归，居"虹隐楼"，专心读书，个人著述六十余种。常熟图书馆苏醒先生将徐氏稿本七种整理出版，即为是书。徐兆玮自谓"喜阅本朝说部书，取其有资掌故也"，从书中来看，他在这方面确实用力甚勤，《黄车掌录》中辑录了大量有关旧小说的史料，关于关索的两条里就不下十几种。

综合陆先生《关索之谜》一文和《黄车掌录》，关于关索主要有三个事实：一是《三国志》中无关索，而《三国演义》中的关索也神龙见首不见尾；二是西南滇黔有很多以关索为名的地方，如关索岭、关索岩等；三是关索之名早在北宋以前即草野相传，除了病关索，还有小关索、贾关索、严关索等。根据《黄车掌录》的资料概括起来，说法主要为以下四种：

一是关索确有其人。谢肇淛《滇略》、陈鼎《滇黔纪游》等有此说，"谓前将军三子索随丞相南征，开山通道，多为前锋"（68页），"相传索从亮南征，为先锋，开山通道，忠勇有父风"（67页）等。

二是关索即关兴。许缵《关索岭考》、田雯《黔书》等有此说，"兴既为丞相所器重，且监军，则丞相有大征伐，或领护军，建伟绩以震慑诸蛮，理或有之"（66页），"意渡泸之役，兴也实从，曾驻师于此。"（67页）至于关兴何以变成"关索"，一说"索"为"帅"字之误，一说"索"乃"父"之讹，"或曰诸苗谓父为索，犹言关爷也；或曰古帅率通，本呼关率，后讹率为索，即侯次子兴也。"（68页）

三是"关索岭"之"索"乃指绳索，或者就是"锁"。"又考《云南通志》，路南州北亦有关索岭，以其险峻，必引之以索而后能度。"（66页）"或曰是岭以关锁黔滇，故名"（67页），"关索"就是"关锁"。

四是关索之"索"指关羽封地汉寿。章世臣《武学源流》里说，"兴、索皆水名，古索县地，侯之封地也。《汉地理志》曰，索县，应劭曰顺帝更名汉寿……汉寿即索县，渐水即兴水。侯自建安五年封于汉寿，或生子兴与索于封邑。以封邑名子，故曰兴、曰索，未可知也。"此说也认为关索实有其人，"《玉溪友议》

荆州玉泉祠有关三郎……必其三子也。"

从《黄车掌录》来看，上述诸说往往互相缠杂又互相辩难，有的一人或持数说而不能确定，关索之谜，大体如此。争论的焦点主要是两个问题：

第一，如果关索确有其人，为何于史无载？

《蜀志》相比于魏、吴二志最为疏简，那是因为魏、吴两国已先有史，蜀国无史，主要靠陈寿自己采集资料。但陈寿本蜀人，又是史学家谯周的弟子，在蜀未亡时即注意蜀事，对蜀汉时期的重要人物和事件不应该有太大的遗漏。这一点《三国志》（中华书局1959年12月第1版）出版说明中已经讲了。据此，如果关索确有其人且战功卓著，则《三国志》完全不著一笔的可能性是不大的。《黄车掌录》里章世臣就说："按陈寿深习蜀事，安有侯之令子且有震世功而失其名者？"（68页）又如书中所载程江夏《满江红》末句云，"当年陈寿是何人，史独缺？"当然，辩难者马上说道："正史缺者颇多，不独索一人已也。"（67页）无论如何，因为有那么多带有"关索"的地名，就肯定关索确有其人且"有震世功""忠勇有父风"而为史家所遗漏，是缺乏说服力的。至于《三国演义》，本来是"小说家言"，而且关索忽来忽去，自是不足为凭的。

第二，如果史无关索其人，那么西南滇黔诸多关索岭、寨、岩以及庙祠碑石又从何而来呢？

前述关索即关兴之说似乎能够自圆。当然这也并非没有疑问。据《三国志·关羽传》，关羽卒后，"子兴嗣……数岁卒。"关羽之亡在建安二十四年，诸葛亮南征在后主建兴三年，这中间隔了七年时间，若关兴从诸葛征南，则他自父亡之后又活了七年，似不应书为"数岁卒"。在《三国演义》中诸葛亮"五月渡泸，深入不毛"的时候，是把关兴、张苞留在蜀中，分两军救应守白帝城的李严和守汉中的马超的。

笔者以为，西南滇黔诸多关索痕迹，其渊源系诸葛南征，这一点诸家多有论述，似不必怀疑。至于关索之名，或为关兴因"关帅""关爷"而讹为关索，抑或根本就是关羽本人的影子。

入川以后，蜀汉政权面临最大的问题，似乎就是人才的匮乏。中原之魏，本来就是人才荟萃；江南之吴，除了本地豪俊，尚有荆楚地区因战乱而"避地江东"的人才。惟独蜀，因偏居一隅、交通闭塞，除了刘备入川时带进去的老班底以及刘璋旧部，外部人才的不易流入是可想而知的。从《三国志》来看，魏之文武独有传者不下百人，吴也有近六十人，而蜀则又少于吴。蜀缺乏人才尤其表现在缺少能够号令三军、独当一面、威震敌胆的将帅之才，关、张、马、赵亡后，大概也就剩下魏延、姜维等寥寥数人，以致民间长期就有"蜀中无大将，廖化作先锋"之说。这一点从诸葛亮的《后出师表》中尤其可以看得出来，他说：

"自臣到汉中，中间期年耳，然丧赵云、阳群、马立、阎芝、丁立、白寿、刘郃、邓铜等及曲长、屯将七十余人，突将无前

賨、叟、青羌散骑一千余人，此皆数十年之内所纠合四方之精
锐，非一州之所有；若复数年，则损三分之二也，当何以图敌？
此臣之未解五也。"

啧啧！堂堂武乡侯汉丞相，手下无人是不是已经到了寒伧
凄惨的地步？上述点名的几位除了赵云，《三国志》中无一有
传，基本属于"无名之辈"的量级，居然也令孔明念念而不能忘，
蜀之人才匮乏由此可见一斑。

孔明南征，意在平定后方，为北伐做准备。南中地方，人
烟稀少、交通不便，征南之利，不在杀伐，而在收服和震慑"蛮
夷"之心，因此才有"七纵七擒"，事载《汉晋春秋》，《三
国演义》中更是大力渲染。如果说孔明在擒纵之间"收服"人
心毕竟还属于根据战争形势临机应变之举，那么，他在出兵之际，
是不是很需要一位威名赫赫、能够"震慑"蛮夷之心的先锋大
将呢？如果需要，他会首先想到谁呢？

当然是关羽！

种种资料表明，三国鼎立六十年，武人中真正"赢得生前
身后名"的，无人能比得了关羽。《三国志》本传写他水淹七军、
降于禁斩庞悳之后，写了"羽威震华夏"五个字，可以说，他
在活着的时候就已经成了神！《三国演义》里说他几度"显圣"，
恐怕也不是完全没来由的。既然威震华夏甚至成了神，西南夷
虽地处偏僻，闻听并在民间流传关美髯的大名，也是完全有可
能的。其实"神"就是这样，越是离得远才越"神"，说隔壁

老王是神肯定没人相信，但"邈姑射之山有神人居焉"，信的人便会多了。汉人迷信是出了名的，西南夷之迷信必然更甚于内地。因此，孔明出兵之际利用关兴打出乃父旗号，甚至利用"信息不对称"隐瞒关公死讯而找一位"美须髯"的替身演员，更甚至干脆宣称关羽死而复生或者显灵下降，以此震慑原本就巫风大盛的西南夷，难道不是很合理的做法吗？这样，陆先生说的"关羽足迹从未至滇黔，何以西南有那么多以关索命名的地方"，也许可以算是有一解了：他活着的时候没去，但死了以后去过！

　　至于关羽何以演化为"关索"，前述诸说认为的因口音原因讹"帅""爷"而为"索"，在很大程度上是站得住脚的。普通话推广了恁多年，连李瑞英都退休了，隔壁楚雄大爷的话，我也还有大半听不懂。

　　"关索"名号在话本小说中的演变，也许有另外的一条轨迹。三国故事北宋时就广泛流传，王学泰先生《水浒识小录》（广西师大出版社2012年11月第1版）里说，在宋代的"说话"里，《三国演义》故事属于"长枪袍带书"而在民间流传。可以想象，经一代代说书人在无数勾栏瓦子里一遍遍演绎，关索也就活在一代代听书人和写书人的心里了，以至于罗贯中明知于史无据，也不得不让关索短暂出场，而他的有始无终，也未必不是罗氏为了在正史和传说之间左右逢源而故意这般安排的。历史的迷人之处也许就在这里，它往往在庙堂竹帛之上和民众心口之间以不同的面貌传演，因"文献不足"而"宋不足徵"怎么办？恐怕只能如"礼失求诸野"，到稗史小说中去挖掘。况且，竹帛也未必比野史更可靠，《黄车掌录》里赵翼的诗《关索插枪岩歌》最后一句就是：鸣呼书生论古勿泥古，未必传闻皆伪史策真。

另外，陆先生文中提到，20 世纪 40 年代初，王古鲁去日本访书，发现几种古本《三国志》小说，关索的故事要比通行的毛宗岗本多得多。《徐兆玮杂著七种》中的一种就是《三国志回目异同考》，从中也可看出旧本与毛本的差异。王古鲁和徐兆玮是同时代人，又是常熟同乡，他用力更多的似乎是《水浒》，不知王、徐二位是否就关索的问题一起探讨过。

《徐兆玮杂著七种》出版在陆先生《听水读抄》之后，是"中国近现代稀见史料丛刊"的一种。既然后出且"稀见"，则陆先生著书时应该未见此书。本来读陆先生书时，其渊博让也希望渊博的我感到绝望，今能看到一种陆先生过去未见之书，且能据以对陆先生感到"仍不解"的问题作一点点阐发，尽管大多属于"想当然耳"，心中也不免微微一喜。

此"白雁"非彼"白雁"

诗文里用典故，在中国算得上是一个很悠久的传统了。用典的好处，在于显得"典雅"、有厚度；坏处也很明显，就是容易让人读不懂。

在《中华读书报》上读到谢泳先生的《陈寅恪钱钟书诗同用一典八例》，其中提到陈寅恪、钱钟书先生分别在各自的一首诗里用过"白雁"二字，谢先生写道："白雁，文辉兄（胡文辉，著有《陈寅恪诗笺释》，笔者注）未寻出古典，解释为雁的饰词。但陈钱同用，可能确有出处，期待高人指点。"读到这里，想到谢、胡二位渊博之士都不知出处，不免使多少也有点"考据癖"的我心中一动。随意上网查了一下，发现谢先生此文还有另外的版本，发表在2014年12月23日《南方都市报》上，不过在那里对"白雁"是另有说法的："白雁典出王恽《玉堂嘉话》。初，宋未下时，江南谣云：'江南若破，白雁来过。'当时莫喻其意。乃宋亡，盖知指（元）丞相伯颜也。"对照下来，此文时隔半年后重新发表，主要是修订了有关"白雁"的内容。借助网络和手边几本书梳理一下，似乎能够得出一个谢先生"期待高人指点"的结论，虽然自己绝不敢以"高人"自居，但也不妨说出来就教于真正的"高人"，那就是：陈、钱二人诗里虽都有"白雁"二字，但此"白雁"非彼"白雁"，他们不是同用一典，而是属于"同辞异典"。申说如下：

首先，谢先生在《南方都市报》文中所称"白雁典出王恽《玉堂嘉话》"，只适用于钱钟书先生诗里"白雁"。钱《故国》诗的那两句是："状图虚语黄龙捣，恶谶真看白雁来。"称"直捣黄龙"为"虚语"，又称"白雁来"为"恶谶"，讲的显然是宋亡故事，与上引《玉堂嘉话》正相契合。至于"白雁"指"伯颜"，正是江南人的发音特点，源自徽州的京剧里，就是把"白"读做"伯"的。

其次，谢先生《中华读书报》文中说"白雁，文辉兄未寻出古典，解释为雁的饰辞"，这似有不确。胡文辉先生的《笺释》对陈寅恪先生《乙未迎春后一日作》"黄莺惊梦啼空苦，白雁随阳倦未归"中的"白雁"是作了考证的，其中提到杜甫的"君看随阳雁，各有稻粱谋"，以及黄庭坚的"恨身不如雁随阳"，可见陈诗"白雁随阳"一语正是袭用杜、黄的"随阳雁""雁随阳"，为与"黄莺"相对故曰"白雁"，这是旧诗的惯常笔法，所以胡文辉先生才说"此当为雁的饰辞"。但是，陈诗里的"白雁"是真的"白雁"，与钱诗里作为"伯颜"恶谶的"白雁"

（清）任伯年读书图

是全不相干的，因此可以称之为"同辞异典"。

据我私下揣度，谢先生之所以先是考证出"白雁"的出处是《玉堂嘉话》，后又自我修正、不作确说而"期待高人指点"，大概是感觉到"白雁"在钱、陈二诗中的语义有很大不同，用《玉堂嘉话》的典故可以解释钱诗的"白雁"，但用于陈诗则过于牵强，认为可能别有出处而不为己知，因此才改变了说法，这正是谢先生治学严谨的表现。愚以为，谢先生也许有点被"同用一典"的概念给"框"住了，其实他所举的八例中，像"定庵""黑甜乡"等，严格讲可能并不应算是用典：钱、陈都喜欢龚自珍的诗，在自己的诗里提到"学定庵""定庵诗"，那不过是一种寻常的写法；至于"黑甜乡"，也属于旧日习见的说法，估计连钱、陈自己也不会认为是在用典。钱诗的"白雁"的确是用典，而且与"黄龙"之典珠联璧合，用得很妙；陈诗的"白雁"，从胡先生的注释看，即便勉强算是用典，与钱诗也显然不是一个出处。

由此想到，以中国历史之久、文字之富、诗文之丰，像这样"同辞异典"的事例一定不少，搜索枯肠并借助于搜索引擎，目前想到两个：一个是"刘郎"。辛弃疾《水龙吟·登建康赏心亭》"求田问舍，怕应羞见，刘郎才气"，这里用的是《三国志·陈登传》里的典故，"刘郎"指的是刘备；李商隐《无题》"刘郎已恨蓬山远，更隔蓬山一万重"，这里的"刘郎"又有两说，一说是刘晨、阮肇入天台山遇仙的故事，另一说是汉武帝刘彻派人寻访海上仙山的故事；此外还有多首诗里出现"刘郎"，用典也各不相同，有的指南朝宋武帝刘裕（沈约"刘郎在室内，可入共饮酒"），有的又指刘禹锡（宋祁"刘郎不敢题糕字，虚负诗家一代豪"）等等。另一个是"小红"。姜夔"自作新词韵最娇，小红低唱我吹箫"，"小红"是作者身边的一个歌妓，不能算是用典；而《红楼梦》第五十一回"薛小妹新编怀古诗"，第九首《蒲东寺怀古》"小红骨贱最身轻，私掖偷携强撮成"，"小红"指的是《西厢记》里的红娘，则属于典型的用典了。想来这样的例子应该还有很多，倒是真希望得到腹笥深厚的"高人"指点呢。

　　诗文里用典故，在中国算得上是一个很悠久的传统了。用典的好处，在于显得"典雅"、有厚度；坏处也很明显，就是容易让人读不懂。不用典完全可以写出好诗，今天我们随时朗朗上口记得住的唐诗，大多是明白如话而没有什么典故的，但有时看到当代人作的所谓旧体诗词，格律工否姑且不论，文字上也完全目无古人、自说自话，那往往是没有什么诗味的。用典有个分寸拿捏问题，辛弃疾喜欢在词里用典，岳飞的孙子岳珂就批评过他的《永遇乐·京口北固亭怀古》里"用事多"。其实，稼轩的词用典虽多，但毕竟大都属于"熟典"，读不懂只好埋怨自己学养不够程度罢了。

　　对于旧时的文化人来说，读不懂别人的用典是个尴尬事，《红楼梦》里元妃省亲那一回，宝玉就因为想不起"绿蜡"之典而遭到宝姐姐咂着嘴讥笑。在我看来，即便再渊博，也难免会"有书未曾经我读",偶尔不懂别人的用典也算不上很丢人。

用典最好不要走向极端,尤其是不要用过于生僻甚至自造的"典故",否则就简直是故意和读者过不去甚至有卖弄学问之嫌了。《围城》里有一次方鸿渐、赵辛楣等与诗人董斜川吃饭谈诗,他们读不懂反倒瞎调侃,搞得斜川生气地说:"我这一联是用的两个典,上句梅圣俞,下句杨大眼,你们不知道出处,就不要穿凿附会。"这位董大诗人对苏东坡都不入法眼,对于自己的诗既希望别人恭维,但又觉得这些人都不懂诗,恭维不到点子上去,"仿佛鸦片瘾发只找到一包香烟的心理",这是何苦来哉!

另外,钱钟书先生在《谈艺录》里还曾批评过黄遵宪的《日本杂事诗》,说他的用典"端赖自注,椟胜于珠"。钱钟书和陈寅恪先生的诗以前没怎么读过,从此次谢先生文中所引的几首来看,感觉他们也是很喜欢用典的。也难怪,他们肚子里的学问故事太多,一不小心就会自己溜达出来。不过坦率地讲,钱、陈二位老先生的有些诗给我这无学之辈读起来,确实颇有似懂非懂、磕磕绊绊之感,由此也就更加佩服谢泳先生和胡文辉先生的博学。

突然想到,诗文里多用典故还有一个最大的好处,那就是给后人预先留了饭碗,试想:倘若陈寅恪先生的诗都如"床前明月光"一般直白,哪里会给胡文辉先生提供洋洋洒洒两大卷、1200多页"笺释"的机会呢?!嘻嘻!

"批判性诗味"之批判

> 培养批判性思维固然要紧，但诗未必是好的靶子。诗讲究的是形象思维、感性思维，而批判性思维要训练的是逻辑思维、理性思维，用"物理原理"和逻辑原理去"批判"诗，不仅容易陷入"春江水暖鸭与鹅等皆先知"的困境，而且有大材小用之嫌。

《南方周末》发表吴澧先生题为《读出批判性诗味》的文章，中心思想讲的是培养学生的批判性思维，这在笔者是极为赞成的，但对吴先生主张的"读出批判性诗味"，特别是对欧阳修的那首《临江仙》的"批判性"诠释，则感觉似乎难以苟同。为叙述方便，先将这首词全文抄录如下：

> 柳外轻雷池上雨，雨声滴碎荷声。小楼西角断虹明，栏杆倚处，遥见月华生。燕子飞来窥画栋，玉钩垂下帘旌。凉波不动簟纹平。水精双枕，犹有堕钗横。

吴先生说："《唐宋词鉴赏辞典》称'傍晚阵雨旋晴，一时之情状，画所难描，得未曾有'。但词里说，'小楼西角断虹明，栏杆倚处，遥见月华生'，如果欧阳公写的是实景，则词中女子应为从清晨等人直到黄昏。形成彩虹的物理原理，决定了虹只能挂在太阳的对面。若是西虹，必为晨见。而这点时间的不同——到底仅是傍晚，还是从早到晚——可以让这首词呈现相当不同的诠释。"

笔者手边没有《唐宋词鉴赏辞典》，但碰巧有一本《白香词谱》（上海古籍出版社 2001 年版，丁如明评订），所收《临江仙》正是以欧阳公这首"柳外轻雷"为例，其中对"小楼西角断虹明"一句，也是解为"晚来时雨止天晴，西边角上露出一抹彩虹"，看来是与《鉴赏辞典》理解相同的。而如吴先生所说"若是西虹，必为晨见"，那么，《鉴赏辞典》说的"傍晚阵雨旋晴"和《白香词谱》说的"晚来时雨止天晴"是不是都错了？那女子是不是真的等人等了一天呢？

笔者以为未必。词中的女子未必确切地是在等什么人，作者也未必是要强调她从早等到晚。在词这一艺术形式里，写"思妇""闺怨"的题材是屡屡皆是的，但从具体内容上来看，有的"思"和"怨"是确切的、深痛的，而有的则仅仅是泛泛的、淡淡的。前者如清人汪懋麟《误佳期》（独抱影儿眠，背看灯花落。待他重与画眉时，细数郎轻薄）和南唐李璟《摊破浣溪沙》（细雨梦回鸡塞远，小楼吹彻玉笙寒。多少泪珠何限恨，倚阑干），由于词里出现了"郎""鸡塞"（从军），可以认定这些女子是确切地思念出远门的丈夫的，而且那思念是深痛的，哪一个要数落他"轻薄"，这一个则有"多少泪珠何限恨"。词里写明女子等人时间的，笔者能想到的是温庭筠的《望江南》（梳洗罢，独倚望江楼。过尽千帆皆不是，斜晖脉脉水悠悠，肠断白蘋洲），从早晨（梳洗罢）一直等到傍晚（斜晖）。至于欧阳公的这一首里的"思"和"怨"，是通过一种隐含的方式表现出来的，如"燕子飞来"（燕子一般是成双成对的）和"水精双枕"（虽有"双枕"但却只有自己一个人）。关于这首词中女主人公的身份，旧有一说是欧阳公与妓缱绻，误了太守的宴会，太守要求他作一词，否则就要惩罚那女子，欧阳公当即赋此词，太守读罢欢喜，于是不但不罚反而奖赏了那个女子,《白香词谱》里这首词在词牌之后就有"妓席"这个标题的。如果确实如此，据我私下揣度，风尘女子"思"和"怨"的对象显然不是丈夫，那大概只能是泛泛而且淡淡的，也正是因为这种泛泛且淡淡的"思"和"怨"是最难以描述和刻画的，所以《鉴赏辞典》才说"一时之情状，画所难描"。至于这"思"和"怨"持续的时间，恐怕也还是从傍晚到睡前这一段，如果她从早到晚"思"且"怨"，那岂不成了"花痴"，哪里还有一点"诗味"呢？词里出现了"雷""荷""帘旌""凉波"，无疑写的是夏日，而从常识来看，夏日傍晚易现急雨，雨后易现彩虹，因此将时间理解为傍晚到睡前，应该是合乎情理的。

现在问题的关键是如何理解"小楼西角断虹明"一句。前已述及，无论是吴先生还是《白香词谱》的评析者，都将这句理解为"小楼的西边出现了彩虹"，按吴先生提供的"西虹晨见"的"物理原理"，那就只能将时间定为从早到晚了。笔者以为这也未必。首先，彩虹这东西虚无缥缈、变幻无常，它固然不能和太阳在同一方向，但从笔者过去在农村生活的经验来看，一大早西边就出现彩虹并不常见，反倒是雨后的傍晚比较多见，而且其方位也不限于东方，彩虹出现在南边、北边的情况好像也是有的。傍晚时倘若出现了南虹或北虹，从一定的视角来观察，在小楼的西角看到一抹彩虹应该是可能的。那西角的彩虹不是完整的，而只是一部分，因此才说是"断虹"。

其次，退一步讲，那一句到底是不是在说"小楼的西边出现了彩虹"，也属未必。诗词里省略句、倒装句是很常见的，因此将"小楼西角断虹明"理解为"人在小楼的西角看到东方的彩虹"，抑或"西角"根本不是讲彩虹的方向而是讲小楼的方向、"小楼西角"根本就是"西角小楼"的倒装甚至根本就是"西楼"的特殊写法，这些情况在诗词里都是可能的，笔者更倾向于"西楼"之说。"西楼"是一个特有的意境，常见于旧体诗词中，如"无言独上西楼"（李煜《相见欢》）、"月满西楼"（李清照《一剪梅》）、"斜阳独倚西楼"（晏殊《清平乐》），"西楼"几乎成为男女相思和离愁别绪的代名词了，究其原因，或许是因为旧时女子的香闺大多在院子的西边，崔莺莺不就是住在"西厢"吗？欧阳公此词写的是"思妇""闺怨"，想到"西楼"一词是很容易的，又由于格律的限制，不能写作"西角小楼"（《临江仙》上片第三句第四字需用仄声），因此倒装为"小楼西角"以满足格律的要求。不要忘了，欧阳公此词是为了挽救心上人免于受罚而作于仓促之间的，说不定因为要用"西楼"之典又一时无暇推敲而写成了"小楼西角"，没想到就违背了"西虹晨见"这一"物理原理"呢。

再次，也是笔者最倾向的意见是：诗，恐怕是不好用"物理原理"来"批判"的。旧体诗词字数有限，格律限制严格，无论是写景还是写情，往往无法面面俱到、依次写来，"无理"的话在诗词里是很常见的。李太白"白发三千丈"，显然就不是用尺子量出来的。另外，读诗词更不宜钻牛角。过去有人曾批评过柳宗元的《江雪》，说他不符合语法逻辑："万径人踪既灭，如何钓者又来"？忘记在哪里看到，清朝经学家毛西河批评苏东坡的《崇惠春江晚景》"春江水暖鸭先知"一句，说："春江水暖，定该鸭知，鹅不知耶？"袁枚就批评他不讲道理——"此言太鹘突矣。"又言："若持此论诗，则《三百篇》中句句不是：在河之洲者，斑鸠、鸤鸠皆可在也，何必'雎鸠'耶？止丘隅者，黑鸟、白鸟皆可止也，何必'黄鸟'耶？"

笔者认为，培养批判性思维固然要紧，但诗未必是好的靶子。诗讲究的是形象思维、感性思维，而批判性思维要训练的是逻辑思维、理性思维，用"物理原理"和逻辑原理去"批判"诗，不仅容易陷入"春江水暖鸭与鹅等皆先知"的困境，而且有大材小用之嫌：若要培养批判性思维，不如拿起常识和逻辑的武器，对古人"立心立命继绝学开太平"的某些"鸿篇巨制"以及今天某些学者和报纸评论员们的"大块文章"，去扫荡和品评一番，那样说不定才更有收获、更关痛痒。

注释之难在"应有尽有"

平时见到今人所作的注释书，的确有一部分不能让人满意，个别的甚至一反钱先生所说的注释之道，干脆来个"应无尽有"而"应有尽无"，让人感觉注者不比自己知道的更多。

最近读到天津社科院文学研究所孙玉蓉老师编注的《周作人俞平伯往来通信集》（上海译文出版社 2013 年 1 月第 1 版，下称"孙注"），想起钱钟书先生在《韩昌黎诗系年集释》（见《钱钟书散文》，浙江文艺出版社 1997 年第 1 版）一文中谈到为前人作品作注释的问题，尽管钱文讲的是"集注"，但我想在道理上对于一般的注释也是适用的。钱先生借用韩愈诗文中"贪多务得，细大不捐"和"团辞试提挈，挂一念漏万"两句，大意是说好的注释应克服"贪多"和"挂漏"的流弊，不贪多就是做到"应无尽无"，少挂漏就是尽量实现"应有尽有"，他还特别说道："应无尽无也许还算容易，而应有尽有这件事实在不好办。"这话很可以套用到面前的这本孙注上。

孙注整理、校订了周作人与俞平伯二人之间的通信391封，时间跨度从1921年3月至1964年8月，主要是对这些信中所涉及的人物和作品作了注释。在我看来，孙注不仅较好地做到了"应无尽无"，在"应有尽有"方面也作了很大的努力。尽管注者在书前"凡例"和书后"编后记"中都提到，由于时间久远且因为是他们之间的私人通信，因此对于"少量隐晦、费解之处，虽欲注释而不敢臆造，姑且暂付阙如"，其实这句话不妨看作是注者的自谦之辞。

不过，小小的遗憾也不能说绝对没有。1927年1月21日俞平伯致周作人的信中有这样一句："佩弦因联帅兵至曹娥，想回去帮着家人们去预备箪食壶浆，于是遂匆匆的出京，我亦不得一晤"。此处注者对"佩弦""曹娥"分别作了注，佩弦"即朱自清……"，曹娥"代指浙江……"云云。可是我读这一句时，最感困惑的是不知"联帅"为谁，因此对这句话隐含的某种意味感到不解：1927年还没有"威武之师、正义之师、文明之师"的人民解放军，那么究竟是什么样的"王师"，竟然让朱自清匆匆地赶回去帮着家人预备箪食壶浆呢？

上网查了一下，"联帅"应指直系军阀孙传芳。孙于1924年一度占据浙江，1925年自任皖、赣、苏、闽、浙五省"联军总司令"，时称"联帅"。1926年7月国民革命军北伐，击溃孙传芳部，孙向奉系军阀张作霖乞援，并与张学良拜

（明）周臣《林亭论古图》

盟。12 月，张作霖组成"安国军"，自任总司令，孙任副司令，随后再度率部入浙。俞平伯信中"联帅兵至曹娥"，指的应该就是这件事。

民初军阀混战，"城头变幻大王旗"，各路军阀自封的各种官衔称谓层出不穷，如今大部分已不为一般读者所熟悉。对于愿意读孙注这种书的读者来说，那一句中相对于"佩弦"是朱自清的表字、"曹娥"代指浙江，"联帅"一词的注释似乎更加"应有"。此处应有而无，不能不令人稍稍可惜。况且，"联帅"似并非属于"少量隐晦、费解之处，虽欲注释而不敢臆造"的情形，上网百度一下就可以找到线索，然后再查查书，作一个简单的注释应为不难。其实，孙注书后所附"主要参考书目"中有一种《民国人物大辞典》，像孙传芳这样的"名角"一定是少不了的，尽管未必有"联帅"这一词条。也可能注者太熟悉民国史事，以"联帅"一词属于常识性称谓而觉得不必作注，在彼为"应无"，在我为"应有"，如果是这样，那就没什么好说的了，只去检讨自己学识不够程度罢了。

当然，孙注侧重的是信中涉及的"人物和作品"，而"人物"又主要是周、俞二位所交往或熟悉的文学人物，"联帅"应不在此列。但好像也有例外，如 67 页就对"鲍旅"（奉军鲍毓麟旅）、"张雨翁"（张作霖）等作了注。

值得一提的是，由于"联帅"无注，难以让一般读者联系到孙传芳兵入浙江那段背景，因此也就不大容易体会俞平伯那句话所隐含的特殊意味：军阀孙传芳兵犯浙江，家在浙江的朱自清匆匆忙赶回去，是为了帮家人逃避兵祸，信中却说他"想回去帮着家人们去预备箪食壶浆"，这恰是反话正说、幽默调侃。正如注者在"编后记"中所说，《通信集》中"语言的生动、风趣、幽默是十分突出的"，但"书信中'不能索解'和'费解'之处也还是有的。……又因为自造的新典故、新名词，连同时代的生疏点的人都不能索解，更何况我们这些后生晚辈呢"！但是，"联帅"显然并不属于"自造的新典故、新名词"，"后生晚辈"且更为"生疏"者如我，拜搜索引擎之赐尚能"索解"一句"箪食壶浆"，倘若注者能不这样过于自谦或再少一点自恕，尽可能多地"索解"一些，那就实在是读者之福了。

另外，由于是两个人之间的通信，有些背景属于彼此熟悉而心照不宣的，时过境迁之后现在的读者往往很难体会，对于这样的地方如果能够做一点考证注释，不但会大大方便读者，也可以让这部书不仅可以当作"文"，而且可以当作"史"来读。譬如1926年6月5日周致俞的信中有一句"风声又紧了"，不知所言何事，这类地方如果再版时能稍稍注一下，恐怕就更好了。

平时见到今人所作的注释书，的确有一部分不能让人满意，个别的甚至一反钱先生所说的注释之道，干脆来个"应无尽有"而"应有尽无"，让人感觉注者不比自己知道的更多。相比而言，孙注则完全不同，注者深厚的学养和严谨的态度非常令人尊敬。书中即便微有小疵完全只能算智者千虑一失，我这里一孔之见最多不过愚者千虑一得，实在不配亦不敢有过分吹求之意。

俞平伯对知堂老人执弟子礼，给老师的信写得殷殷勤勤，加之大多用文言写成，文辞博雅，读之如饮醇醪，一时忍不住学着注上一段（1938 年 6 月 30 日俞平伯致周作人）：

嘉惠稠叠，先后祗受，不异子敬之分囷①，原思之得粟也②。既忻涸辙之泽③，弥忆江湖之欢④。造次申悃⑤，拙辞为愧。何日有暇，再侍清谈。敬上

知堂师座前

生衡拜启　六月三十日

师母大人前请安致谢

①子敬分囷：称赞对方慷慨大方，典出《三国志·吴书·鲁肃传》：周瑜为居巢长，将数百人故过候肃，并求资粮。肃家有两囷米，各三千斛，肃乃指一囷与周瑜，瑜益知其奇也，遂相亲结，定侨、札之分。

②原思得粟：所得超出预期，典出《论语·雍也》：原思为之宰，与之粟九百，辞。子曰：毋，以与尔邻里乡党乎。

③涸辙之泽：救济危困的人，典出《庄子·杂篇·外物》，文长不录。

④江湖之欢：典出《庄子·内篇·大宗师》：泉涸，鱼相与处于陆，相濡以沫，相呴以湿，不如相忘于江湖。

⑤申悃：对师长的问候语。

时下的国人已很少写信，纵写，也很少有人能写出这样典雅的信，真的是"拙辞为愧"了。若追究起来，知堂老人也有责任，谁让他们兄弟当年和胡适一起拼命倡导白话文呢。

为学之道

为学要扎实、深入，最忌道听途说、望文生义。

陆游《书巢记》中有一段话：

> 天下大事，闻之者不如见之者知之为详，见之者不如居之者知之为尽，吾侪未造夫道之堂奥，自藩篱之外而议之，可乎？

这段话与放翁的"纸上得来终觉浅，绝知此事要躬行"两句诗，都是说为学要扎实、深入，最忌道听途说、望文生义。

想起曹聚仁《中国学术思想史随笔》中记载的一则笑谈，说的是唐末优人李可及，自称博通三教（儒、释、道），于是有人和他有这样一段对话：

> 或问："释迦牟尼，乃是何人？"
>
> 对曰："是妇人也。"
>
> 问者惊曰："何也？"

对曰："《金刚经》云：'敷座而坐'，若非妇人，何待夫坐，而后坐耶？"

又问曰："太上老君是何人也？"

对曰："亦妇人也。"

问曰："何以知之？"

对曰："《道德经》云：'吾有大患，是吾有身，及吾无身，吾复何患！'倘非妇人，何患乎无娠乎？"

又问曰："文宣王何人也？"

对曰："亦妇人也。"

问曰："何以知之？"

对曰："《论语》曰：'沽之哉！沽之哉！吾待贾者也。'倘非妇人，待嫁奚为？"

当然，这个故事原是"离经叛道"者故意的调侃，但在字面上，那位"博通三教"的李可及，就是犯了道听途说、望文生义的毛病：将"敷座"误为"夫坐"、将"无身"误为"无娠"，乃是道听途说；将"待贾"误为"待嫁"（"贾"音"古"，买卖之意，有诗云：舟中贾客莫漫狂，小姑前年嫁彭郎），则是望文生义。

不过，那李可及毕竟还知道"娠"读作"身"，而不像时下某些"半边先生"，将"妊娠"读作"认晨"，甚至是某些医生，也居然把"荨麻疹"读作"寻麻疹"，与那将"郁郁乎文哉"读作"都都平丈我"的村塾先生，成为一路货色了。对于这些人来说，李"可及"倒有"不可及"之处。

书中错字

知堂老人曾经谈过此事，大意是说，印书出错，如果一望可知，即错得明显离谱，读者容易明白是错了，那也就没什么要紧，最要不得的是"错得有道理"。也就是说，用了错字以后，字面还通顺，但意思却变了，这就难免要贻误读者了。

昨夜读胡洪侠《书情书色》，有一则说陈望道翻译的《共产党宣言》，1920 年的初版本竟然将书名印错了，印成"共党产宣言"。据说此版本存世量不过三四册而已，这个印错的书名大概也成为其版本价值的重要因素之一。

印书出错，本来就很难绝对避免，因此应该说是情有可原的。雕版时代，书籍"付之梨枣"，靠的是"手民"刻镂，鲁鱼亥豕，在所难免。铅活字时代，又靠的是工人排字，倒（躺倒）字倒（颠倒）字亦常见。现如今眼目下电脑排版，如果用拼音输入法，将"方式"误为"房事"，恐怕也是完全可以理解的。

不管怎么说，把书中的字印错了，对于作者和读者，总是一件令人遗憾的事。忘记是在哪一本书中读到，知堂老人曾经谈过此事，大意是说，印书出错，如果一望可知，即错得明显离谱，读者容易明白是错了，那也就没什么要紧，最要不得的是"错得有道理"。也就是说，用了错字以后，字面还通顺，但意思却变了，这就难免要贻误读者了。

前一段读过一本名为《家在云之南》的书，是本好书，作者是熊景明女士。其中谈到下乡插队时，曾向某位担任学校图书馆管理员的同学借书，在这里作者用了个典故，原文是："我们的书常被窃，各方面的人都从不同角度发掘，我掌'北门之营'，自然成为常窃者。"其中的"营"应为"管"之误，典故出自《左转》僖公三十二年："杞子自郑使告于秦曰：郑人使我掌其北门之管，若潜师以来，国可得也。""管"，就是门钥匙，代指掌管北门这一职务。上文的作者用了引号，显然是引用此典，应当是不会写错的，一定是排印错了。也难怪，"管"和"营"原本长得有点儿像，正像将"赋"错认为"贼"，谁让这个"赋"生得有些"贼"头"贼"脸。

错"管"为"营"，通不通呢？当然是不通了，但如果不知道这个典故，仅从字面上去理解，"掌管北门的大营"，是不是也有些"错得有道理"呢？

顺便申明，"北门之管"也许算不上熟典，见此一字之误也绝不表明本人"熟读春秋"。偏巧这一篇《蹇叔哭师》是收入《古文观止》的，吴氏叔侄还在"管"字之下作了个注：管，锁钥也。

（明）张宁《松窗读书图》（局部）

第四辑

书林清话

一个好的社会，至少要避免两个极端：一是鼓励卑鄙，那样社会将形同丛林；二是空谈高尚，那样社会将流于虚伪。最要不得的是：一方面丛林规则大行其道；另一方面仁义道德漫天飞舞，人人都是人格分裂症患者。

郑熙亭《东游寻梦：苏轼传》

> 东坡一生坎坷，其人不负"天真"二字，唯天真之人才算得上旷达之人，其狱中诗云："七尺顽躯走世尘，十围便腹贮天真。此中空洞无一物，何止容君数百人。"我希望东坡的便腹再加大十围，以尽容古今天下斗筲之辈、宵小之徒。

平生最敬佩的古人，文有宋东坡，武有左文襄，不在他们的才气与成就，而在他们的性情。

东坡的传，读过不下五种了。郑先生的这一本文笔佳妙，笔端常带感情，史料运用娴熟、取舍恰当；细节稍加演义，颇为入情入理；行文夹叙夹议，更觉风生水起，甚至觉得好过林语堂之作。

郑先生1932年生，曾任职河北宣传部、政协。这本书是1999年出的，流落在琉璃厂中国书店旧书架，我花10块钱买的。

苏轼苏辙兄弟同举制科，苏轼以一篇《刑赏忠厚之至论》，被欧阳修赞为"言简意赅，说理至尽，读此文不觉汗出。老夫当放此子出一头地"（另见一说为"老夫当避路，放他出一头地"），又说："他日文章，必独步天下，三十年后，世上人更不道着我也。"（惜才爱才之心溢于言表，其实，不要说三十年后，即便至今一千年后，欧阳公道德文章，仍足以为后人称颂。）

苏辙应试文中有这样几句："古之圣人无事则深忧，有事则不惧。今陛下无事则不忧，有事则大惧，臣以为失其宜也。"枢密副使胡宿、执政韩琦等以为"策不对所问，非所宜言"，力请黜之。司马光以为"独有爱君忧国之心，不可不收"。仁宗曰："求直言（苏辙考的是'直言极谏科'）而以直黜之，天下其谓我何？"兄弟遂同登制科高第。（后来据太后对苏轼说，仁宗策贤良归，喜甚曰：吾今又为子孙得太平宰相两人，朕留与子孙用。）

据作者说，文字狱始于乌台诗案，李定等人从苏轼诗文中反复爬梳，寻找违碍字眼儿。宰相王珪谓苏轼有不臣之心，神宗问何以知，王珪曰：轼咏桧诗云：根到九泉无曲处，岁寒唯有蛰龙知。陛下飞龙在天，轼以为不知己，而求之地下之蛰龙，非不臣而何？时三司使章惇在侧，笑而言曰，诗人之句，安可如此论乎？……桧树自可喻龙，非关陛下也。王珪语塞。神宗缓而言曰：彼自咏桧，何预朕事？神宗纵算不得明君，有此一事，也足以留清名于史册了。

东坡一生坎坷，其人不负"天真"二字，唯天真之人才算得上旷达之人，其狱中诗云："七尺顽躯走世尘，十围便腹贮天真。此中空洞无一物，何止容君数百人。"我希望东坡的便腹再加大十围，以尽容古今天下斗筲之辈、宵小之徒。

　　读罢此书，根据东坡足迹，编了如下《九州东坡》，以述其大体生平：知密州，治徐州，领湖州；贬黄州，谪惠州，放儋州；生眉州，乐杭州，死常州。

钱伯城《袁宏道集笺校》

既坚持传统和原则，又不违心灵和性情，不拘执、不刻意，
既不刻意"正经"，又不刻意"不正经"，这大概就是"风骨"。

本书为繁体字竖排版，上中下三册1800多页。这不是一套
适合从头到尾逐字逐句读的书，我也只读了其中部分游记，除
了文字之美，主要是感受密密麻麻隐于书中的"风骨"二字。

袁宏道，字中郎，晚明作家，"公安三袁"中的老二，文
学上反对"前后七子"提倡的"文必秦汉、诗必盛唐"，主张"独
抒性灵、不拘格套"。随手抄一段：

净慈僧房，唯莲公房最幽僻。路迂而奥……夹路多古
木杂卉……他僧房多香客及游人妇女，往来喧杂若公庭，
莲公闭门谢事，一可喜也。僧之好净者，多强人吃斋，余
不能斋，而莲公复不强我，凡锅甑瓶盘之类，为仆子所膻
亦无嗔怪，二可喜也……解法无法师气，能诗无诗人气，

四可喜也。余弟最粗豪，莲公不厌；余性狂僻，多诳诗，贡高使气，目无诸佛，莲公不以为妄，五可喜也。

袁宏道的文字，与早于他的苏东坡、稍晚于他的张岱有一拼，不妨找来苏轼的《松风亭》《承天寺夜游》，张岱的《湖心亭看雪》《西湖七月半》对照一下，其中多有神似之处。

中国传统文人讲道统。一个极端是，道统讲多了成了道学家，令人生厌；另一个极端是，完全无视道统，如宣称"礼法岂为我辈设"的魏晋名士阮籍、嵇康、刘伶辈，行事难以为常人接受。既坚持传统和原则，又不违心灵和性情，不拘执、不刻意，既不刻意"正经"，又不刻意"不正经"，这大概就是"风骨"。

《张伯驹集·素月楼联语》

好的联语，须学、识、才三者兼备，就是说，学养要深厚，见识要广博，才具文笔须精要雅致。

联语，应该也算是一种传统文学形式，性质与书话、诗话大体相同，过去读过梁羽生先生的《名联趣谈》。好的联语，须学、识、才三者兼备，就是说，学养要深厚，见识要广博，才具文笔须精要雅致。张伯驹先生的这部联语大体如此，点评往往寥寥数字，但往往一语及的。与梁羽生先生的趣谈相比，是几乎没有什么注解性文字，对于文史知识积累不足如我辈读者，其中一部分须借助工具书方能领会其中妙处。

封面有张先生的一帧小照，侧面半身，典型的民国时代头像拍照式样。照片中的张先生弯眉如月，二眸如星，鼻梁挺直，嘴角微露一缕笑意，整个面容温雅中又有一丝英气，绝无半点膏粱气、权势气、市侩气、做作气、酒色气、烟火气，无愧大家气度。反观今日杂志封面上的某些名人照，妆太浓、光太强、笑得太假、修图太过，真是不可同日而语。

戴季陶《日本论》

对日本，无论我们是恨它、鄙视它，还是想和它和平共处、世代友好，了解它总不会错。

中国和日本之间总是要有问题的，教科书问题、靖国神社问题、南京大屠杀问题，眼下最火的是钓鱼岛问题。日本似乎最能拱中国人的火儿，一有风吹草动，马上有人大声疾呼抵制日货，网上也很快就骂声一片。普通中国人对日本大概有两种情感：一是不屑，"倭寇""小日本儿"；二是愤怒，近代以来中国现代化进程两次被日本打断。问题是：对于日本，我们真的了解吗？

注意到这本书，除了"戴季陶主义"这个名头儿，加上蒋纬国身世之谜这个老花边儿，主要还是印在封面背后摘自书中的这段话：日本人研究中国精细深刻，不遗余力。"中国"这个题目，日本人不知放在解剖台上解剖了几千百次，装在试管里化验了几千百次；而我们中国人研究日本却粗疏空泛，对日

任伯年《松柏高士图》

本我们大多数人只是一味地排斥反对，再不肯做踏实的研究工夫，几乎连日本字都不愿意看，日本话都不愿意听，日本人都不愿意见，这可以说是"思想上的闭关自守"。

这本书最早出版于1928年，八十多年过去了，中国改革开放三十多年了，这段话是否还有现实意义，诸君自有明断。

日本人研究中国，在本人的阅读经历中，曾见过20世纪90年代中华书局编辑出版的、洋洋十卷本《日本学者研究中国史论著选译》，其中内藤湖南、滨口重国、宫崎市定等人的观点，今天仍经常被中国学者引用。至于研究日本，美国人倒是肯下工夫，除了大名鼎鼎的《菊与刀》，还有前两年刚出的约翰·道尔的《拥抱战败》。第二次世界大战后美国始终搞定日本，大概不是没有原因的。

日本文化有种特别的劲儿，比如生死观，仲尼曰"死生亦大矣"，而日本人好像不把自杀当回事，而且还偏偏发展出剖腹这种死得最慢也最痛苦的技术。可惜这个"优良传统"现在好像也被他们抛弃了。

曾有老辈儿中国人总结说，日本是"乐无正声、花无正香、食无正味、人无正气"，看来中国的愤青儿传统是够悠久的。但愤青儿往往成事不足，对日本，无论我们是恨它、鄙视它，还是想和它和平共处、世代友好，了解它总不会错。

陆灏《听水读抄》

　　有的书只能慢慢读，而有的书原本就不必读，慢与少皆非读书之病。

　　海豚出的布面小精装，篇什短小，每篇几百字，殊可喜。因陆先生书中有几篇是关于钱钟书先生的，又找出浙江文艺出的《钱钟书散文》读了几篇。本来读陆先生书，其渊博让也希望渊博的我感到绝望，至读钱先生书，祈望渊博之心干脆死翘翘了。一般人不过偶尔掉掉书袋，钱先生则好比老鼠一头钻进了国家图书馆。对一般读书人可以说"腹笥深厚"，钱先生则不是简单的肚子大的问题。一般人往往食而不化，钱先生的消化系统却极发达。尤为难得的是他随时随地、举重若轻、信手拈来的幽默。真正的幽默都是轻轻的，有的人讲个笑话几乎累得半死，正如刀尔登说的，好像在葬礼上讲俏皮话，我们听了不得不翘起嘴角，心里却哀痛欲绝。

忍不住抄一段："徐志摩先生既死，没有常识的人捧他是雪莱，引起没有幽默的人骂他不是歌德，温（源宁）先生只淡淡地说，志摩先生的恋爱极像雪莱。"此说直有明清笑话"脚像观音"之妙。

最近读书，特点是慢，结果是少。其实有的书只能慢慢读，而有的书原本就不必读，慢与少皆非读书之病，以此稍稍为自己的厌倦和懒惰开脱一下。又从钱先生书中看到，古之大贤亦有厌学之时，抄录于此，聊以自恕：

古史散左右，诗书置后前。岂殊蠹书虫，生死文字间。古道自愚蠢，古言自包缠。当今固殊古，谁与为欣欢？独携无言子，共升昆仑巅。（韩愈《杂诗》）

川原红绿一时新，暮雨朝晴更可人。书册埋头无了日，不如抛却去寻春。（朱熹《出山道中口占》）

止庵《沽酌集》

开书目，一要有很大的阅读量，二要有高明的选择能力。有的报上开列"我心中的经典"，除了所说的好像没读过多少别的，只是"我心中的经典"而已。

确切地说，本意并非要推荐这本书，或者说并非仅仅要推荐这本书，而是想推荐止庵这位作者，以及他的很多书。

止庵的很多书，可以归为"关于读书的书"，读他的书可以发现很多读书线索，以及了解他对于自己所读之书的很多见解。他并非要向读者荐书，所以是无功利的，因此读他的书可能比读那些专门荐书的文章要好很多。

其实话说回来，向别人荐书也许本来就不是很明智的。读书是很个体的事，止庵在书中就提到鲁迅讲过，一部《红楼梦》，中国人大多读过或至少是知道的，经学家看到《易》，道学家看到淫，才子看到缠绵，革命家看到排满，阴谋家看到宫闱秘事。止庵还说，开书目，一要有很大的阅读量，二要有高明的选择能力。有的报上开列"我心中的经典"，除了所说的好像没读过多少别的，只是"我心中的经典"而已。

无论如何，止庵是值得推荐的。他解释"为什么阅读"：第一，我需要有人对我说些什么；第二，我需要有人替我说些什么。他说好书有两类，读一类书时，我们继续作者的思考；读另一类书时，我们开始自己的思考。

止庵谈庄子，谈周作人，谈张爱玲，谈日本文学，谈旧时掌故，都有见地。他的文章大都很短，他的书适宜在飞机上、火车上、旅店的床上读。

忘记从哪里看到的一个段子：某清儒质疑《昭明文选》，说："既曰文选，何故有诗？"别人回答他："昭明太子为之。"问："昭明太子何在？"答："已死。"说："既死不必追究。"答："便不死亦难究。"问："何故？"答："他读的书多。"

"他读的书多"，是推荐止庵的一个最主要理由。

冯骥才《西欧思想游记》

> 凡"盛世",无不是在君、士、民之间保持了某种平衡状态;
> 凡乱世,要么是暴君当道(如秦、隋),要么是乱民造反(如唐末、
> 明末),而士则无一例外地式微。

上高中时读过冯先生的小说《鹰拳》,以后几乎没怎么读过他的书。这是一本游记,前面加了"思想"二字,读完后觉得是配得上的。抄一段:

> 由于大学教育的普及,当今有知识的人愈来愈多,知识分子却愈来愈少。知识人不一定是知识分子,知识分子是公共性的、思想的、独立的、有社会担当的。网络和电视传播瓦解了知识分子。各类消费性的媒体明星成了社会主角。思想被信息取代。人的脑袋堆积着大量信息,但都是消费过的。消费过的信息是一种垃圾。思想如土地,但正被信息沙漠化。在强势资本面前,知识分子愈来愈个体

和弱势。要么趋炎附势，要么唯利是图。

知识分子应当是古代的"士"，士是有担当的，"道统"就把持在士的手里，一面制衡权力，一面制衡资本，同时也约束和规范草根庶民。凡"盛世"，无不是在君、士、民之间保持了某种平衡状态；凡乱世，要么是暴君当道（如秦、隋），要么是乱民造反（如唐末、明末），而士则无一例外地式微。

薇拉·妃格念尔《狱中二十年》

　　真正的革命者，与真正的宗教徒，在精神上是有相通之处
的：将苦难视为考验，将牺牲视为归宿。

　　薇拉入狱二十年，这个病弱的女子书中没有写多少她是如
何的坚强，而是写了很多她的"软弱"，正是这种平常女人的
软弱，映衬出一位女革命者无比的坚强。

　　此书大概相当于中国的《红岩》，只是笔墨之中人的温情
更多了一些，甚至那些狱官和狱吏，也不像《红岩》中猩猩、
猫头鹰那般穷凶极恶。薇拉们在狱中种花种菜、读书做工，恍
然有世外桃源之感。

　　真正的革命者，尽管明知自己的理想和所追求的目标，在自
己的有生之年是绝无希望实现的，但仍然义无反顾。薇拉写道：

　　在我还没有被捕入狱的时候，我总认为我所担任的角
色是不重要的，我从来不曾想到会有人记着我们的姓名。

我觉得我们距离我们所希望的目标仍旧非常远，因此我们很可以把我们生活的这个时期看作只是一个地质学上的很早的时期，而我们民意社的党员们也可以比作那些微生物，那些极小的有孔虫类，它们一天一天、一年一年地陆续死去，沉到海底，经过了千万年之后，它们的尸骨构成了巨大的石灰岩层。一个单独的微生物是肉眼所看不见的，细小易碎的甲壳是渺小不足道的，可是整个的群体，石灰岩层却是强大的，它构成了高山峻岭。

真正的革命者，与真正的宗教徒，在精神上是有相通之处的：将苦难视为考验，将牺牲视为归宿。

从小就喜欢电影《烈火中永生》中赵丹饰演的许云峰临刑前的那段台词。特务头子徐鹏飞问他："胜利就在眼前，可是却看不见自己的胜利，这多么遗憾！此时此地，许先生是怎样的心情？"许云峰说了那段掷地有声的话：

> 我从一个贫苦的人，走上了革命的道路，变成了能让反动派害怕的人，我感到无比自豪。我看到了无产阶级革命将在全中国获得伟大的胜利，我感到无穷的力量。人生自古谁无死？一个人的生命能够和无产阶级永葆青春的革命事业联系在一起，我感到无尚的光荣！这就是我此时此地的心情。

薇拉生于1852年，1883年入狱，1904年出狱，1942年病故，活了整整90岁。

《到芬兰车站——历史写作及行动研究》

"道德下降的第一个迹象，就是不关心事实。"无论是对书上历史还是对我们正在经历的历史，追问事实都是一个道德底线。

这是一本500页的大书，忘记在哪里看到介绍后买的。名字怪怪的，内容大体是社会主义思想史之类。

有人说，21世纪是理想主义沉寂的时代。那么相对而言，19世纪中叶到20世纪中叶这100年，则是理想主义大放异彩的时代。

江弱水先生的推荐序里说：现在只有生活，没有历史了。历史已经终结了。现在是进步终止的黄金时代。……如果一个基于公正、平等、自由的社会尚未达到，如果这世界还充斥着不公正、不平等、不自由，社会主义的信念就仍然会助燃我们的激情，左翼思想就仍然是我们永恒的冲动，历史就没有进入垃圾时间，只是被叫了暂停而已。

　　我始终相信，人类需要理想、需要信仰，即使你不接受某种理想和信仰，也必须对真诚怀有理想和信仰的人给予必要的尊敬。无论如何，平庸不能成为嘲笑崇高的理由，即使你认为那个崇高不过是个乌托邦。

　　"道德下降的第一个迹象，就是不关心事实。"无论是对书上历史还是对我们正在经历的历史，追问事实都是一个道德底线。

翁贝托·艾柯《植物的记忆与藏书乐》

那些打架斗殴的小痞子若是都回家看水浒电视剧或读水浒，社会治安恐怕要好很多了。

那些破坏、监察、禁止书籍的人让人感到恐惧：因为他们想要破坏或监察的是我们的记忆。当发觉书籍太多已经难以摧毁，植物的记忆的威胁持续蔓延的时候，他们就转而消灭动物记忆，即人类的思维和身体。开始的时候总是从书籍下手，但紧接着毒气室的大门就打开了。

秦始皇深谙此道，不过他才不耐烦先破坏植物记忆再消灭动物记忆，而是干脆焚书坑儒一锅端了。

后人发明了更"文明"的消灭动物记忆的方法，那就是洗脑。

作者谈到了三种毁书法：原教旨主义毁书、忽视性毁书和利益性毁书。中国历史上大规模原教旨主义毁书大体有三次：一是始皇焚书，二是编撰四库，三是文革破四旧。清修四库看似文化保存，其实也不妨说是一次毁书过程，因为有很多书从民间收集上来以后，认为不应该流传，于是便毁弃了。另一种毁法是删改，根据统治者的需要和忌讳，收入四库的书大都做了清洁性删改，这其实也是一种毁。

破四旧是最大规模的自下而上、群众性的毁书，红卫兵抄家抄来的书直接毁掉了，有的人因为害怕便自己偷偷把藏书毁掉。这个过程到底毁了多少书，大概永远都是一个谜了。

原教旨主义毁书的倡导者大多出于"好心"，譬如前一段还有人慷慨畅言应禁播水浒，以免加剧年轻人的暴力倾向。其实，那些打架斗殴的小痞子若是都回家看水浒电视剧或读水浒，社会治安恐怕要好很多了。

还是古人那句话：坑灰未冷山东乱，刘项原来不读书。

此书作者署名意大利人，他的书买过四本：《密涅瓦火柴盒》《傅科摆》，作者名字译为翁贝托·埃科；《一位年轻小说家的自白》，署名安贝托·艾柯，现在大概连他自己也不知道自己究竟是翁是安、是埃是艾了吧。《参考消息》一直把拉登写作拉丹，港台则把里根写作雷根，可见译名之乱。

平时喜欢读书话类的书，另外还有书目，如张之洞的《书目答问》、叶德辉的《书林清话》等，也经常拿起来翻翻。读这类书，有点像过屠门而大嚼，干咽几口吐沫聊过其瘾。

斯泰宾《有效思维》

人类是非常愿意追问"意义"的动物，同时也是非常容易
在"意义"问题上满足于无知的动物。这是人类的悲哀。

徐贲在《明亮的对话：公共说理十八讲》里频频提到这本书，
其实自己早就买了，一直在架上睡大觉。刚刚读了三章，就被
书中逻辑的力量所俘获。

人类是非常愿意追问"意义"的动物，同时也是非常容易
在"意义"问题上满足于无知的动物。这是人类的悲哀。

有时，我们自以为在冷静思考，其实我们的头脑里早已塞
满了基于情感的偏见和基于知识的成见。

对于任何人的任何主张、任何论断，都应当多了解他的理由，
越是斩钉截铁、文采飞扬的主张和论断，越需要更多的冷静和
朴素的理由。

当我们自己提出某种主张时，不要把话说得太满，要提防"必

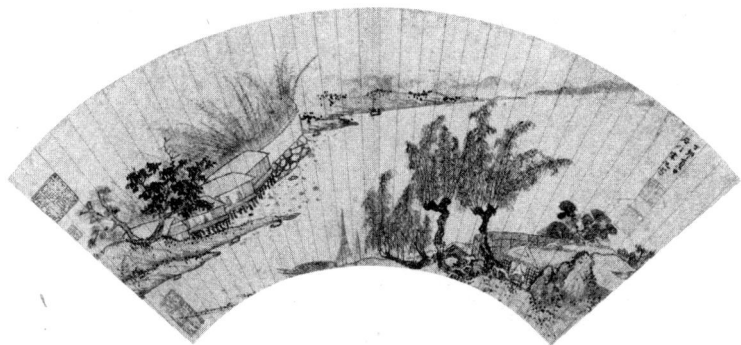

（明）宋旭《江岸读书图》

须""应当""显而易见""众所周知"等等这些字眼。"要有光"，那是上帝的语气，我们不能以上帝的语气说话。"要克制自己，不说那种斩钉截铁的话。这并不容易。"

作者说：（在有效思维问题上）错误的道路多得很，正确的道路只有一条。

作者最后说：思想自由是难能可贵的。是的，不自由既来自社会，也来自我们自己。

贾雷德·戴蒙德《枪炮、病菌与钢铁》

学问本来就不应该枯燥，如果有人把学问搞得枯燥，要么说明他并不真懂这门学问，要么说明他真不懂表达的学问。

你试图考虑过下面这些问题吗：

"为什么有的地方早期人类学会了粮食生产，并驯化了某些动物，而其他地方却一直没有？"

"为什么有些野生植物很早就被驯化为作物，其他植物却更晚被驯化，而有的直到今天也无法人工栽培？"

"你知道苹果等许多味道甘甜的果子最初人类是怎样想到去驯化它的，如果知道，你还会毫不恶心地去吃苹果吗？"

如果你觉得这些是生物学问题，咱们文科生要关心家国天下、政治经济，那么再看下面的问题：

"为什么是欧洲人征服了美洲印第安人、非洲黑人和澳大利亚土著人，而不是相反？"

"欧洲人征服'新大陆',仅仅是靠他们的坚船利炮吗?你有没有想过,病菌才是他们最有效的武器?"

好了,上述问题都可以在这本书中找到答案。这是一部人类学著作。读了它,除了能知道更多一些人类学常识以外,还可以更加坚信一条政治学或社会学常识,那就是:种族主义的理论和观点是多么的错误,并且是多么的令人生厌。

这本书包括前言和后记一共 21 章,很适合每天晚上用两个小时读一章。读它,你会感到,用一种毫不枯燥的方式去谈论一个本来非常枯燥的内容,是多么的令人感到毫不枯燥。也许你还会得出另一个结论:学问本来就不应该枯燥,如果有人把学问搞得枯燥,要么说明他并不真懂这门学问,要么说明他真不懂表达的学问。

阿兰·德波顿《旅行的艺术》

　　　　旅行本身是一门艺术，而在艺术中旅行，比如在文学、绘画、建筑等艺术中去旅行，就更是艺术上的艺术。因为旅行的唯一价值在于，发现并感受美。

　　有一种书，适合在这样的情境中——孩子不乖的时候、老婆喋喋不休的时候、老公很晚还不回家的时候、领导本来错了却偏偏批评了你时候、你向一个人送了无数捆秋天的菠菜而他或她却像个木头一样毫无反应的时候，总之，当你感到烦的时候——去读，比如这本《旅行的艺术》。

　　旅行本身是一门艺术，而在艺术中旅行，比如在文学、绘画、建筑等艺术中去旅行，就更是艺术上的艺术。因为旅行的唯一价值在于，发现并感受美。

　　阿兰·德波顿，英国才子型作家，文字和他的眼睛一样，酷，而且多情。他能够在机场、港口、火车站和小旅馆等地方意外地发现诗意；他发现巨大的机翼下悬着的四支引擎像是它的耳环；他仅仅因为面对云海，就发现飞机上原本令人倒胃的食物具有不同的滋味和情趣。当然，他的书绝不仅仅就是这些，通过他的书，你可以顺便找波德莱尔、福楼拜、华兹华斯、梵高等这些非常老的老头儿们聊聊天儿。

旅行，不需要行囊，甚至不需要目的地，带上能发现美的眼睛和能感受美的心灵，再带上一本好书，你就可以出发了。

在读完这本书以后，我在最后一页写了四个字：不胜依依。

米兰·昆德拉《不能承受的生命之轻》

> 不怕真小人，就怕伪君子。不怕低俗成风，就怕媚俗式的高雅。

这是世界名著了，粗读一遍似乎还不能完全体会它的妙处，有两个问题是印象较深的：

第一，因无知而作恶算不算无辜？

这由俄狄浦斯的故事引起。俄狄浦斯在不知情的情况下弑父娶母，因此给他的臣民带来灾难，他明白了原因以后自我惩罚，刺瞎了双眼。这里提出的问题就是：愚蠢无知能不能成为推卸责任的理由？

在某些恶政之下，人们以信仰和合法的名义作恶，事后当他们被控诉的时候，他们说：我不知道啊！我被欺骗了，我当时还以为应该那样做呢！"于是争论归结到了一个问题：他们当时是不是真的不知道呢？还是现在他们装出一副当初一无所知的样子？"但是，"根本的问题并不是他们当初到底是知道还是不知道，而是：是不是只要他们不知道就算无辜？"

对这个问题，米兰·昆德拉似乎也感到有些犹豫。在后面的段落中，他一方面引耶稣的话说："原谅他们吧，因为他们不知道自己在做什么。"还借书中主人公托马斯之口说："惩罚一个不知道自己做了什么的人，是野蛮的行径。"而另一方面他又说："我们正在丧失这种明辨善恶的能力。我们不再知道负罪感是什么东西。人们找到了托词：斯大林欺骗了他们！谋杀犯竟以母亲不爱他而感到失望为借口。"我想他的意思是：我们对他人因无知而作恶可以怀有宽容之心，但我们对自己的行为却不能自我宽恕，这大概就是俄狄浦斯暗喻的基本含义。

在这方面东西方文化上是存在差异的。第二次世界大战后，德国对纳粹罪行进行了彻底的自我清算，日本则至今还纠缠于历史问题而死不认错。而我们中国，应该说绝大多数当事人对自己在"文化大革命"中的恶行，仍然没有从灵魂深处进行真正的自责和反省。

第二，为什么懦弱者受所有人的欢迎？

当某人因懦弱而干了不正直的事，人们对他的反应分为两类："一类是同样的懦弱者，这些人会向他投以古怪的微笑：那是一种秘密同谋之间不好意思的笑，就好像两个男人碰巧在妓院相遇，微微一笑，双方都有点难为情，但同时也暗暗感到一丝快慰，因为这种不好意思是双方的。于是他们之间就建立

（清）任薰《窦燕山教子图》

起一种友好的关系。"另一类是那些正直勇敢的人，他们也会对懦弱者微笑，那是一种洋洋自得的微笑。但不管怎样，懦弱"会让所有人都乐意！第一种人高兴，是因为一旦懦弱成风，他们曾经有过的行为便再也普通不过，因此也就给他们挽回了名誉。"——我并不是坏人，我只不过和别人一样坏而已。"第二种人则把自己的荣耀看作一种特权，决不愿放弃。为此，他们对懦弱者心存一份喜爱，要是没有那些懦弱者，他们的勇敢将会立即变成一种徒劳之举，谁也不欣赏。"

其实，我们每个人都是天使和魔鬼的复合体，内心都有懦弱和卑鄙的基因，也都有勇敢和高尚的种子，每个人具体如何选择也许全在一念之间，而社会多数如何选择，则取决于当时当地的历史社会环境。一个好的社会，至少要避免两个极端：一是鼓励卑鄙，那样社会将形同丛林；二是空谈高尚，那样社会将流于虚伪。最要不得的是：一方面丛林规则大行其道，另一方面仁义道德漫天飞舞，人人都是人格分裂症患者。

不怕真小人，就怕伪君子。不怕低俗成风，就怕媚俗式的高雅。

默里·罗斯巴德《银行的秘密》

> 读译书，希望能够"信"，尽量"达"，至于"雅"则近乎奢望矣。

严复说，译事三难信达雅。信是忠实，达是通顺，雅是唯美。这里不得不再引止庵的话，他说翻译需要对原文的理解能力，还需要对中文的表达能力。"信"有赖于前者，"雅"有赖于后者，"达"则对两者皆有要求。读译书，希望能够"信"，尽量"达"，至于"雅"则近乎奢望矣。

有的翻译文字，正所谓"文章硬如铁，读得满嘴血"，表明译者对于外文和中文都不大通，大概主要还是中文不通。正因为见惯了这样的译文，所以当翻开这本《银行的秘密》时，不由得使人眼前一亮。

《银行的秘密》原著是英文，内容是关于货币和中央银行。我对英文固然是不通的，对中央银行也懵懂得很，好在对中文还有一定的理解力，所以读这本书时，我不仅觉得读懂了那翻译过来的中文，对中文背后看不见的英文似乎也有了一点点感觉。不信请看我随手翻到的这一段："不幸的是，相对小幅的价格上涨给政府打了一针兴奋剂。政府官员如同看到了圣诞老人，捧到了聚宝盆，抓了根救命稻草。他们把印钞票当成家常便饭，用廉价信用填补赤字、养活政客，代价仅仅是价格小幅上涨！"

做到信达雅，对于翻译通俗作品或文艺作品已经很难，专业作品就更是难上加难，所以我不能不对这本书的译者表示敬意。尤其是，组织翻译和出版这本书的，还是我所熟悉的交易商协会的朋友。本来我对他们管"银行间市场交易商协会"不叫"银行间市场交易商协会"而偏偏叫"NAFMII"是有些意见的，以为又是由于中文半吊子所以才拿英文吓唬人，读了这本书才知道，人家对中文和英文都是很在行的。

彼得·萨伯《洞穴奇案》

> 这是一部法哲学著作，涉及诸多法理问题，但并不深奥，译笔亦佳，读了以后可以学一些雄辩术，把故事讲给同事和朋友，然后问他：元芳，你怎么看？

人类自从文明了以后便不再吃人了，吃人是不正当的，虽然在人的潜意识里还残留着吃人的"念头"，有时是因为爱——爱极了会"真想一口吞了她"；有时是因为恨——恨极了会想"食其肉、寝其皮"。但毕竟在观念中，吃人是一种绝对的恶，不言自明，以至于没听说有哪国法律里规定有"吃人罪"的。

观念是观念，现实是现实。翻开中国文明的史卷，"人相食""易其子而咬其骨"的事屡见不鲜。但这毕竟是极端的情况，今天的我们只好掬一捧同情之泪，同时放心大胆地诅咒那"万恶的旧社会"。那么，在法理上有没有一种极端的情况，使吃人不仅受到同情，而且还可以不受法律追究？如果有的话，理由是什么？"太饿！眼看就要饿死了！"能成为这样的理由吗？

富勒和萨伯这两位法学家便设计了这样一个情境：五名洞穴探险者受困山洞，水尽粮绝，无法在短期内获救。为了维生以待救援，威特莫尔提议，大家抽签决定吃掉一个人，牺牲他以救活他人，大家同意了。但在抽签之前，威特莫尔又收回了意见，而其他四人仍执意抽签，恰好抽中了威特莫尔做牺牲者。获救后，这四人以杀人罪被起诉。先后有五位和九位大法官各自发表判决意见，大体分为四类：一是有罪并应当判刑；二是有罪但应免于刑罚；三是无罪并应当释放；四是无法表示意见。

这是一部法哲学著作，涉及法律精神与法律条文、法律与道德、行为与动机、成文法与判例法、正当防卫与紧急避险等诸多法理问题，但并不深奥，译笔亦佳，读了以后可以学一些雄辩术，把故事讲给同事和朋友，然后问他：元芳，你怎么看？

拉古拉迈·拉詹
《断层线——全球经济潜在的危机》

通过金融危机，我们当然应该坚信"资本主义必然灭亡"，但多从具体制度和技术层面予以关注也许更为重要。

这是一本畅销书，据封面上说，推荐者包括比尔·盖茨、巴菲特、奥巴马、世行行长佐利克以及国内学者巴曙松、何帆、叶檀等。该书受到追捧据说是因为作者成功预测了此次金融危机，书中分析了导致金融危机的原因，即美国及全球经济和政治中存在诸多"断层线"，最终引发了金融危机这个"大地震"。这本书吸引我的是其中逻辑的力量，试举一例：

第一条断层线是美国收入差距不断扩大和国内政治的冲撞，其逻辑脉络是：美国家庭收入差距不断拉大，政客因此面临民众压力；收入差距拉大的原因是美国的教育体制，穷人难以享受高水平的教育，而由于高科技发展和制造业向海外转移，对低端劳动者需求减少、收入降低；改革教育体制和提高劳动者收入，费力耗时、见效不快；政客找到了速效药，实行扩张的货币政策，刺激消费特别是住房消费来提高满意度；"两房"应运而生，大量收购银行的住房贷款，再将这些资产打包卖给投行等机构投资者；于是，小布什宣称的美国梦实现了：人人拥有自己的住房；但是，一旦房市泡沫破裂，违约率提高，金玉其外的次贷产品露出了其中败絮，次贷危机乃至金融危机便爆发了。

这些道理并不新鲜，但在不长的篇幅内、使用尽量少的数据、并且根本不用数学公式和模型把它说明白，也许并不是一件容易的事，其逻辑的力量也正在于此。

中国没出大事，连本山大叔都知道"风景这边独好""美国人那么牛不也上咱们这儿借钱了吗"。通过金融危机，我们当然应该坚信"资本主义必然灭亡"，但多从具体制度和技术层面予以关注也许更为重要。

（清）杨晋读书图（局部）

第五辑

游观天地

　　如此几个回合下来，我丢盔弃甲，正欲卷旗曳兵而逃，却见他"苍颜白发，颓乎其中"，陶然而醉矣！我也不敢大呼"老匹夫不死，二十年后再见"，只得带一身透汗，寻路下山，精神败得厉害，身体却觉舒坦。

游黄山读《游黄山记》

余秋雨尝言：要么读书，要么旅行，身体和灵魂总要有一个在路上。今我于旅次中读此奇书，岂非身心俱游、物我两忘哉？

假日偶赴黄山一游，虽不过缆车上下、走马观花，然黄山之玄奇、之绝险、之秀美、之壮观，亦略得一二矣。本欲援笔为记，怎奈才乏辞枯，但如桓子野见山水佳处，徒呼奈何而已。所幸一路翻读李一氓先生所辑《明清人游黄山记钞》（安徽人民出版社 1983 年 11 月版），多有奇妙文字，聊借古人杯酒，而浇自家块垒。

黄山游记，今人多知徐霞客。霞客之文固可称奇，然我观《记钞》，笔力沉雄、描摹生动者尚多有所见，如明之黄汝亨、吴廷简，清之钱谦益、刘大櫆诸篇皆是。其中更有公安袁中道之一篇，将游山情状拟为嘉宾访贤主，读来亦别有妙趣，摘抄如左：

——进山初见云门峰，"有若山灵遣一使以逆客者"；

——山岭忽现忽隐，"有若三速客而退者"；

——朱砂、紫石、老人三峰，"有若雁行序立以迟客者"；

——溪泉流水，淙淙有声，"俨然宾初至而丝竹喧也"；

——已登山，朱砂、老人二峰出其左右，"如相介以引客者"；

——天都峰雾中忽现，"有若主人屏息良久而出见客者"；

——天都、莲花二峰高耸，余者诸峰肩随之，"若客子初就宾席而与主人相酬者"；

——北上光明顶，三十六峰皆见，"如登广漠之庭，主人皆出而与客相酬畅者"；

——三海诸峰，至奇至幻，至灵至活，"如诸大士为主而各出神通变化以娱客者"；

——取道丞相源，圣灯庵诸处，"皆如秘室小阁可憩客者"；

——将出山，九龙泉自山下作壮籁，"如宾去而以鼓角送也"。

如是云云，于千余字篇幅内，连用逆客、速客、迟客、引客、见客、酬客、娱客、憩客，待客之礼层出不穷、环环相扣；宾初至而有丝竹喧，客既去则以鼓角送，主人多情如此，为客者安能不流连忘返、恋恋不舍？

余秋雨尝言：要么读书，要么旅行，身体和灵魂总要有一个在路上。今我于旅次中读此奇书，岂非身心俱游、物我两忘哉？

一个人的西湖

"桓子野见山水佳处，辄呼'奈何、奈何'。真有无可奈何者，口说不出。"看来，那位在牌坊上题字者，面对西湖这般山水，除了作"奇观"二字，怕也只能徒呼奈何了。

庚寅春日，偶至杭州，夜宿湖旁新侨饭店。晚上十点，懒懒地躺在房间沙发上，闲闲地翻了几页书，望窗外明月当空，湖畔灯火阑珊，于是出门信步来到湖边。原想略走片刻便回，一时忽发兴致：如此月白风清，何不环湖一行？

江南春早。湖边的柳树，已经吐出了片片嫩绿，柔软的枝条随风飘舞。在绿柳之中不时有一簇簇繁花，夜色下静静地绽放，快步前行中也来不及辨认是桃还是杏。天空中有几缕淡淡微云，映衬着一轮将满之月。远方湖畔，灯火点点，写意地勾勒出西湖的轮廓。回头望去，我已渐渐地将这一岸的喧嚣热闹抛在身后，独自一人悄悄走进了那湖山深处。

湖边的路，曲曲折折，与湖水一会儿贴近，一会儿远离。

绕过雷峰塔，不久便走上了苏堤。此时夜风渐渐大了，湖中涌起了一阵阵波涛，不时拍打着堤岸。每当快步走下那一座座拱桥时，便觉耳旁风声飒飒，头发和衣襟也随风飘动。不知何时，天空中笼起了一层薄雾，月色也显得昏黄起来。苏堤上路灯稀疏，看不到一个行人，只有飘动的柳枝在暗淡的月光灯光下，投射出一团团乱影。正走着，一只野猫猛然间从路旁窜出，转眼又消失在草丛中，发根不免为之一紧。

走下苏堤，眼前路分三岔，正在踌躇，忽见路旁有一人站立，便上前问路。连问两声，不见应答，定睛一看，原是一尊雕塑，不觉哑然失笑。

再往前走，路旁有一座牌坊，后有一墓，倒是以前来西湖未曾注意到的，不知所葬何人。牌坊上有篆书四字，在昏暗灯光下难以完全辨认，隐约可见是"某某奇观"。心中暗想：西湖胜景，原本就是天下奇观，在此复作"奇观"二字，颇有才尽辞穷之感。转念想起明人张岱在《陶庵梦忆》的一则中所记：

> "桓子野见山水佳处，辄呼'奈何、奈何'。真有无可奈何者，口说不出。"

看来，那位在牌坊上题字者，面对西湖这般山水，除了作"奇观"二字，怕也只能徒呼奈何了。

又想起张宗子在同一本书中所写的那篇《湖心亭看雪》，便在心中暗诵：

> "崇祯五年十二月，余住杭州。大雪三日，湖上人鸟

声俱绝。是日更定矣，余拏一小舟，拥毳衣炉火，独往湖心亭看雪。雾凇沆砀，天与云、与山、与水，上下一白。湖上影子，惟长堤一痕、湖心亭一点、与余舟一芥、舟中人两三粒而已。到亭上，有二人铺毡对坐，一童子烧酒炉正沸。见余大喜曰：'湖中焉得更有此人！'拉余同饮。余强饮三大白而别。问其姓氏，乃金陵人，客此。及下船，舟子喃喃曰：'莫说相公痴，更有痴似相公者'。"

我观此篇，无一字明说作者当时心情，但却无一字不暗暗地透出那心情。回头望去，湖心亭依稀尚在，只不见金陵二客、煮酒童子，顿感寂寥。想那张岱，生逢明末丧乱之际，眼见内忧外患、山河破碎，乘雪夜，驾孤舟，独游西湖，此情此景，怎一个"痴"字了得？今我生逢盛世，虽独自游湖，却不过聊以消食减肥、无病呻吟。这样想着，便作解嘲一笑。

走过西泠桥头的苏小小墓，一边默念着廊柱上"湖山此地曾埋玉，风月其人可铸金"的著名对联，一边走过楼外楼，上了白堤。渐渐地，又见到岸旁霓虹闪耀，街上车辆穿梭。于是，我又回到了这灯火辉煌的街市。便将刚才那一个人的西湖，远远地抛在了身后。

　　补记：回来查资料，知道那离苏小小墓不远、匾书"奇观"的所在，竟然是武松之墓。武松折臂出家，年过七十而卒，英雄美人，比邻而居，倒正应了龚自珍的那句"万一禅关砉然破，美人如玉剑如虹"。

京郊徒步行记

　　躺在床上拿出那本《万里行记》，随意翻开，刚读了两行，突然想起正是这曹老头儿的书让我受了这番徒步之苦，便将书随手丢在一旁。幸好包里还带了村上春树的《且听风吟》，虽感觉有些不知所云，但还能读下去。一直读到哈欠连天，倒头便睡。一夜酣睡，连梦也无暇做上一个。

一、缘起

　　读书是会害人的，读而信之则尤其害人不浅。古人云"尽信书不如无书"，稼轩词里也说"至今始觉古人书，信着全无是处"。诚哉斯言。

　　我自来欣赏古人说的"行万里路，读万卷书"，对东坡词中描写的"竹杖芒鞋轻胜马""一蓑烟雨任平生"的行旅生涯，很久以来一直心向往之。我所向往的行旅，绝非乘坐飞机、火车或通过高速公路往返于繁华都市之间，而是背负行囊踯躅于山林荒野之外，或者独自一人辗转于舟车鞍马之中，食无定时，宿无定处，无目的的自我流放，无方向的独自飘零。只是，向往归向往，平日里也不过是在书本上"神驰"而已，并未想过真的付诸实施。千不该万不该，最近偏偏读了曹聚仁的那本《万里行记》，于是，心底里的那点愿望之火一下子焰腾腾按捺不住了。眼看"十一"长假将至，便紧锣密鼓地准备起来。

先是一股脑买了二十几本分省区地图，继尔便买了背包、徒步手杖、旅行鞋及衣、裤、帽等全身行头，次后又买了水壶、手电筒、军用指北针等全套家什。最初从地图上选定的路线，是徒步两百公里，由北京走到张家口，沿途，有明英宗落难于瓦剌也先的宣化府，又有郭景云败亡于解放大军的新保安，足以发思古之幽情了。明知这一想法必不获家人同意，直到临出发前两天，才趁晚饭后妻正在悠闲看报的当口儿，似不经意地说出。妻的表情，瞬间经历了由怀疑到愕然再到震惊的一系列变化，待认定我既非喝醉了酒也不是在发烧以后，便有一大串儿问题扑面而来：饿了怎么办？累了怎么办？迷路了怎么办？碰到坏人怎么办？路上病了怎么办？晚上住在哪里？……我悲哀地苦笑。在我费劲地说明了自己并非白痴，而张家口也并非位于亚马逊森林之后，最终得到的答复是：出北京太远了不行！在郊区近处走走可以。于是，就有了这次京郊徒步之行。

（明）陈洪绶《松下抚琴图》

二、顺密路上

十月一日一早，在以鸡啄米般点头至脖子发酸应对了妻的一套新的叮咛和一堆重复的嘱咐之后，我终于背起重重的行囊、操起两条徒步手杖走出了家门。接下来，我将乘地铁再换公交车到顺义，从那里徒步奔向密云水库。

上午十点，车到顺义，过了潮白河，我在一个叫"俸伯"的车站下了车。在路旁小店里买了一瓶备用矿泉水，顺便问明了路径，我便走上了那条顺密路——省道203了。

徒步行走的要领是大步摆臂，可这一动作我大约只坚持了一个小时。那以后，就开始大汗淋漓，步伐也变小、放慢了。算算里程，连地图上预定的第一个休息点北小营镇也大约还有一公里。我在路边停了下来，喝了几口水，吃了一块儿子送我的巧克力，决定每走一小时休息一次。这一决定也只被严格执行了一次，从第三个小时以后，我休息的时间间隔便由一小时变成五十分钟、四十五分钟直至三十分钟。

是日也，天不朗、气不清，和畅的惠风也绝无踪影，谁料深秋时节竟然这般闷热。更没有料到的是，这条公路竟是如此繁忙，大小汽车一辆接一辆。那路上，看得见的是尘土，嗅得到的是尾气，自己真的成了马路吸尘器。用手指挖了挖鼻孔，指尖果然是黑的。背上背包也越来越重，后悔出发前不该考虑得那么周全，尤其是万不该让妻插手收拾行装一事，以致我没想到的东西她偏想到了，这会儿都成了骆驼背上的一捆捆稻草，距离压垮的程度大概差不了几根。

下午一时许，我找到了一处稍微远离公路的小树林，停下来放下背包打个尖。背包里有面包、香肠、罐头、咸蛋，还有出国时买的钢制扁酒壶里盛的白酒。咬一口香肠，面乎乎的淡而无味，再咬一口咸鸭蛋，同样淡而无味，我怀疑这蛋是否曾经用盐腌过，没准儿还能孵出小鸭子来。呷一口酒，那原本爱喝的杏花村汾酒仿佛也变了味儿，酒精气息直冲喉咙，险些干呕起来。最后，只得将一个面包用水壶里的茶水咽下去。于是，将包里一些不必要的物品掷而弃之。扔下一些"稻草"，心理上觉得背包轻了一些，这倒成了这顿郁闷的午饭唯一的爽快之事。

过了木林镇，渐渐地离开顺义进入密云县境。我努力克制住一个个车站和一辆辆公共汽车的诱惑，忍着脚痛腿酸，继续慢慢向前走去。快要接近一个叫河南寨的镇子了，看看时间已过了下午四时，计算行程已走了二十五六公里，我终于说服自己，在一个村庄的汽车站停了下来，搭上一辆过路的公共汽车，不一会儿就进了密云城。

找到一家旅馆住下来，洗了澡坐在床上，发现脚上已经磨出了四个大水泡。找出房间里的针线包，先用火再用酒给针消了毒，挑破了水泡。想起"脚上的泡都是自己走出来的"这句话，不觉嘿然一笑。晚饭后本想早点睡下，一时却并无困意。躺在床上拿出那本《万里行记》，随意翻开，刚读了两行，突然想起正是这曹老头儿的书让我受了这番徒步之苦，便将书随手丢在一旁。幸好包里还带了村上春树的《且听风吟》，虽感觉有些不知所云，但还能读下去。一直读到哈欠连天，倒头便睡。一夜酣睡，连梦也无暇做上一个。

三、白河与黑狗

早上醒来，觉得自己的颈、肩、背、腰、腿、脚，无一处不酸痛，我甚至产生了坐车打道回府的念头。但想起出发前本说是去看水库，此时只有十几公里却半途而返，终究心有不甘。于是鼓起余勇，于上午八时离开旅馆继续出发。

从地图上得知，水库在密云县城正北方向，于是随便来到街上，也懒得问路，就沿一条离我最近的马路向北走去。不想将及出城，这条路突然中断了，面前一片泥泞。由于坚信方向是正确的，便按照"前途是光明的，道路是曲折的"这一逻辑，径直走了过去。昨晚下了一阵小雨，路上的土被车轮碾成泥浆，厚厚地粘连在鞋底、鞋帮上。好在我的这双鞋质量好过保尔·柯察金的那双靴子，泥浆既不至于渗进鞋里，鞋底也不至于掉下来。在走了大约两公里的"泥丸"以后，我终于找到一条粗沙柏油路，越过一条铁轨，翻过一道小山坡，穿过一个幽静的小村落，才走上了通往水库的公路。

一走上公路便惊喜地发现，紧贴路的左侧有一条河，并看到有"白河"字样的牌子。此时才注意到，原来所谓潮白河，乃潮河与白河合流后的名字。看来，这一命名法与江西的章江贡江会合后名为赣江大致相同，只是章、贡为赣乃合二为一，而潮、白会合为潮白河，则是更加简单的一加二等于三，只是不知这白河和那潮河究竟何以命名。沿河堤路走了一城，发现仅是靠近密云县城的一段河中有水，那水显然是靠橡皮坝截住的，再往前走，河底不是长满荒草，就是直接露出白花花的水泥河床。此时灵机一动，想今日白、潮二河的名字可以如此解释：河底无水而"白"，故曰"白河"；而那"潮河"之得名，必是因了河底微水而"潮"的缘故。相比苏东坡辨析石钟山之得名，王安石考证华山乃"花山"之谬，我这一结论倒是一目了然，得来全不费工夫，无须他们那般引经据典。这当然是戏言了。回来查《读史方舆纪要》，知道白河原本发源于塞外，又叫鲍丘水、大榆河，这在《水经注》中即有记载。原是自密云县北向南流经怀柔、顺义进入通州境，在顺义牛栏山以下才与潮河会合。明万历年间，利用密云城西白河故道，使之直接与潮河交会，这样，牛栏山至密云一段也可以通船了，可以想象那时河水之盛。据载，白河是由于"河两岸皆白沙，不生青草，故名"。现如今，两岸的白沙早已不见，河底倒是青草茂密，这条昔日舟楫往来的大河已是这般奄奄一息了，难免不使人仰天扼腕，喟然一叹。

沿河堤走了两个多小时，前方的路突然被一道铁栅栏截住，不能继续前行了。我知道公路就在右侧不远处，因不想走回头路，恰巧旁边就是一座很大的建筑工地，就沿着一条小路走了进去。那里四处静悄悄的，一栋十多层的大楼主体已完工，楼顶招牌赫然，从我所在的角度看去，左侧为"北京密云国"右侧为"会议中心"，后转到楼的正面，才看到右侧前面的"际"字。工程不知何故处于停工状态，四处空无一人。楼前有很大的一片空地，除了已初步建成的几处亭台水榭，大部分地方都长着一米多高的荒草。稍事休息，便沿路走去，却找不到出口在哪里。看到不远处由几间平房，感觉像是有人居住的样子，就走上前去问路。刚刚接近那房子，突然间，一条全身黑色体型硕大的狗从房前窜出，径直向我猛扑过来，在距我五米远的地方停下来，一边作出蓄势欲扑的样子，一边狂吠不止。我吃了一惊马上站住，虽然手里有两条徒步手杖可谓"有恃"，但却难以做到"无恐"。想起苏老泉在那篇名为《心术》的文章中说过的话："尺箠当猛虎，奋呼而操击；徒手遇蜥蜴，变色而退步。"我却知道手中这两条轻飘飘的手杖绝非《隋唐演义》里靠山王杨林的那对虬龙棒，打在狗身上大概不过相当于替它拍打尘土，因此显然不敢"操击"之，心里倒有些想要"奋呼""救命"了。我虽听过"咬人的狗不叫"这句谚语，此时却有些担心它是否真的绝对可靠。看那大狗，长着一个近似方形的硕大头颅，两只小小的耳朵向上直直地竖起，一条短而细的尾巴紧夹在后腿中间，一双有些泛红的小眼睛盯视着我，时而露出牙齿发出低沉的"呜呜"威胁声，时而一左一右挪动脚步高声吠叫。我明知此时纵然跑得动也终是下策，只好与它对峙起来。过了一会儿，想这样下去终究不是办法，决定吓它一下，便将右手的手杖来了个举火烧天式，谁知它非但不退，反而更向前进了两步，颇有攻我下三路的架势，我连忙将一对手杖在腿前十字交叉，总算封住了门户。正危急间，我偷眼看到一个人从那房子后面急急地走出来，想必是那狗主人。他向狗大喝了一声，那狗又朝我叫了两声，才跑回主人身边。我定神下来向狗主人问了路，便慢慢地向后倒退了十几步，才转身快速走去。这一谦卑姿势并非出于对那狗主人的恭敬或感谢，只是防备那畜生再来偷袭我的侧背而已。

寻路走出工地就到了公路，这时才突然感到又渴又饿，看一下表已是正午时分，恰好对面就有一个农家饭店，走进去坐下，先要了一瓶凉啤酒，倒作三杯，一气喝完，随后要了扣肉、青菜和一大碗米饭，风卷残云一扫而光。想自己不同于武松，倒是先过了景阳冈，后进了那三碗不过冈的酒店。

不久，到了溪翁庄镇。这倒是个大集镇，街道宽敞。从地图上看此地离水库已经很近，问了行人，知道就在路旁小山的背后，但却不得其门而入。原来为保护北京这一盆宝贵的水源，水库完全实行封闭式管理，是无法走到水边的。退而求其次，那水库便是养在深闺的千金小姐，纵然不得与之有肌肤之亲，远远瞧瞧总可以吧？从这里沿公路向西北方向继续前行，明知水库近在咫尺，却始终不肯露出半点芳容。看看将近下午四时，走到一个叫云蒙山庄的去处，已经筋疲力尽，只好暂且把水库放在一旁，住上一晚，明天再说吧。

四、黑龙潭和"豆豆"

次日一早，洗漱饭罢，在山庄的院子里找到一条上山的石径，信步拾阶而上。大约走了几百级台阶，山顶有一个二层亭台，登台望去，就看到了水库的一角，那位绝世佳人终于在我面前轻撩面纱、明眸一闪了。下山打点行装，结账出发，继续朝北，向我预定的终点站——黑龙潭风景区进发。

或许是因为有了黑龙潭这一新的心仪对象，我对水库已不大在意了，那水库彷佛不甘受到冷落，却在路上时隐时现。正午时分，走到石城镇，在镇子北端一条小河旁的农家旅店停下，吃了午饭，要了房间安顿好背包，便一身轻松地奔向黑龙潭。

黑龙潭，果然是个好去处。买门票进去走了一遭，捡一僻静处临溪而坐，搜索枯肠，作得几句骈俪之语：

彼黑龙之潭者，山林泉石而已。山不高而险峻，林不广而茂密，泉不深而清澈，石不大而奇崛。先有清流激湍，映带左右；后有树林阴翳，鸣声上下。其下则泉流石上，落叶为舟；其上则巨石巉岩，危乎欲倾。连廊回环，忽豁然而开朗；峰回路转，果曲径可通幽。林密草茂，随清风而飒飒；水浅波平，因斜阳而粼粼。驻足山下，飞瀑高悬于当头；奋步登顶，白练横陈于脚下。路窄径狭，游人接踵。童蒙无忧，如犬兔追逐于石旁；爱侣多情，似鸳鸯相戏于水上。山险林幽，几欲结庐筑篱；岩峻泉清，正可枕石漱流。忽走忽停，辗转上下；几经流连，兴尽而返。

回到那家小店，已是傍晚时分。徜徉于小河边、石桥旁，看山头斜照，听流水浅浅，仰观浮云变幻，远望袅袅炊烟。日暮乡关何处？心中归意，就在此刻浓了起来。

晚饭要了土鸡炖蘑菇，味道颇佳，一时兴起，又要了两瓶"小二"，饮酒食肉，不亦快哉！店家的一条叫作"豆豆"的小黑狗，怯生生地踅了进来，蹲坐在离我两米远的地方，一声不响地望着。夹了一块肉丢在它面前，它先是惊惧地一退，接着挪过来，嗅嗅、舔舔，并不吃。我想起狗是吃骨头的，便又将一块骨头丢下去，这次它并不后退了，径直闻了闻，叼住大嚼起来。渐渐地，它离我的距离越来越近，已经蹲坐在我脚下了。慢慢地，我也开始用手拿着骨头递到它嘴边。它总是很有分寸地将头颈向前一顿，小心翼翼地恰好衔住我手中的骨头，而绝不至于咬到我的手。再慢慢地，我已逐步赢得了它的信任，可以摸摸它毛茸茸的头，触触它湿漉漉的鼻子。待将口里的骨头吃完，它便乖乖地蹲坐在那里，用天使般的眼神，几乎目不转睛地望着我。隔壁房间里，一伙游客呼朋引类、觥筹交错，我却独自一人、自斟自饮，只有"豆豆"——我此时此地唯一的朋友，静静地陪伴着我。

饭后，乘酒兴再次来到河边，倚石而卧。仰观天上长河，繁星点点，一时竟勾起无数儿时记忆。不经意间，那星河模糊起来，也不知是醉眼，抑或，居然是泪眼……

次日早起，搭店老板进城买鱼的车，在镇上坐了返京的公共汽车，于是，将一个个我曾经熟悉的站名又一个个地丢在车后。想来可怜，自己千辛万苦走了近三天的路，在车轮下不到三个小时便一碾而过。我想，坐车的人感受不到徒步行路之苦，当然也体会不到个中趣味。还是那曹老头说的好：行路，用两脚在走，把我们的生活也弄得很单纯了，这也是一种人生乐趣。

云浮漫记

王国维先生在《人间词话》中说太白:"西风残照,汉家陵阙,寥寥八字,遂关千古登临之口。"据此设想:倘若你上岳阳楼而为文,登滕王阁而作赋,即便想破头颅,写得出范仲淹"先忧后乐"、王子安"落霞秋水"之句吗?恐怕只能缄口不言了。同理,欧阳永叔的《醉翁亭记》,不仅关千古登临琅琊者之口,亦且锁万代游览举凡两山一洞者之舌。

云浮,这座粤西城市的名字有那么一点诗意,其所辖新兴县乃六祖慧能生长之地,在那诗意之外又添加了些许神秘。隆冬时节,素乏诗才且六根不净的我,竟有机缘乘车离开广州,开始了或许本当是寻愁觅句、参禅悟道的云浮之行。

六祖慧能

失望,这是进入云浮境内的第一感觉。云浮地处粤西丘陵地带,繁华远不如珠三角地区,但喧嚣却别无二致。这里以石材加工而闻名，沿途路边到处是石材加工厂，大多是前店后厂模式，不时可以听到切割机械发出的刺耳嘶叫之声。有不少厂店门可罗雀，看上去奄奄一息。据同行者介绍，这也是受了肇始于大洋彼岸的那场金融危机的影响。想来这就是西风东渐的全球化吧，先有汉唐之际皎皎白马传来了无边佛法，后有坚船利炮送来了德赛二先生等诸多新鲜玩意儿，现在我们再想将那个据说叫作"花儿马路"的宝瓶里释放出来的金融危机巨魔拒之于国门之外，显然并不像"弱水三千、取一瓢饮"那般容易。有家厂子门前加工好的石材阜如山集，一个貌似老板的人——站在门前，形似非洲人穿如欧洲人，一脸萧索，两眼茫然，三魂出窍，四大皆空。我想，此时他期盼的大概只有"定单"这一部真经了吧。

我被告知已经进了新兴县境，这里是六祖幼年生活以及后来坐化成佛的地方，但从车窗望去，这里的景物却如我凡俗之目所见一样的凡俗：路边是一条几近干涸的河流，南国隆冬温暖如春，树木虽绿但并不油油，经过的集镇也是一般的纷扰。我想，六祖是讲"顿悟"的，禅心佛性或许就在这扰扰红尘之中吧？

慧能本姓卢，乃河北范阳（今涿县）人，其父为官被贬到新州（今新兴县），于是举家在此地落户。慧能不识字，但颇有禅心，解说佛法要义时曾被人质疑："字尚不识，曷能会义？"慧能答曰："诸佛妙理，非关文字。"后投到湖北黄梅东禅寺

（清）虚谷《松萌观瀑布》

五祖弘忍处。弘忍为求可传承其衣钵者，命众弟子各作一偈，造诣最高的神秀作偈为：

> 身是菩提树
>
> 心如明镜台
>
> 时时勤拂拭
>
> 勿使惹尘埃

慧能听人传诵，便也作一偈，请人写在墙壁上，偈云：

> 菩提本无树
>
> 明镜亦非台
>
> 本来无一物
>
> 何处惹尘埃

五祖弘忍认为此偈见心见性，遂将衣钵密传于慧能。慧能回到岭南，隐遁十几年，后到广州法性寺（今光孝寺）。时值寺中众僧有幡动风动之争，慧能提出"仁者心动"，得到住持赏识，于是正其六祖名分，自此正式剃度出家，讲经弘法，并有《六祖坛经》传世。

愚以为，神秀之偈，强调修为，六祖之偈，意在虚无，更近中国本土哲学老庄道家思想，二者高下之别似乎并没有那么大。另外，六祖的偈子虽然了凡彻悟，但在形式上多少有小学生"改写作文"之嫌，相比之下，我更喜欢宁波雪窦寺布袋和尚的那首原创诗偈：

手把青秧插满田

低头便见水中天

心地清净方为道

退步原来是向前

这样想着，不觉已经到了唐中宗敕令依六祖故宅修建的国恩寺门前，赶紧提醒自己收拢心神，尽量不做胡思乱想，以免口出不敬亵渎神佛。不由想起一段往事：多年前游杭州灵隐寺，见"普度众生"匾额下一尊高大观世音塑像，与别处不同的是那菩萨身披黄斗篷。导游解释说，多有游人向其身上抛掷硬币，据说硬币不落地者将有好运，为防损伤佛像故加一斗篷。彼时少不更事，爱耍小聪明，脱口说道："自身尚且难保，何谈普度众生？"恰巧一寺僧从旁经过，给了我一个大大的白眼。现在想来，佛祖为度众生，以身饲虎，本不以自身为念，也难怪那高僧因我这无知之言而不惜破了嗔戒。看那菩萨，依旧慈眉善目，想必不会怪我这无心之失。

寻常，这是国恩寺给我的主要印象。寻常的草木、寻常的大殿、寻常的佛像，还有在寻常之处供奉的"不寻常"的舍利子。我想，六祖的思想或许也可用"寻常"二字概括，《六祖坛经》类似《论语》，以语录的形式传世，进一步将烦琐深奥的佛法通俗化、草根化。六祖本来目不识丁，自然无法将烦琐和深奥的佛法继续烦琐和深奥下去。物极必反、祸福互倚、利弊相参，辩证法就是这么伟大。

新兴、云浮乃至广东人，深以六祖为荣，将其与孙中山并称为影响中国乃至世界的两个广东人。我想，如果再加上康有为，广东在一千五百年里出了一佛陀、一圣人、一国父，已经有足够的资本平庸一千五百年了。

藏佛坑

沿着一条土路，转过几处房舍，升上几级台阶，就到了藏佛坑前。藏佛坑乃两山一涧，为六祖坐化圆寂之处，这名字也和他的思想一样通俗。

眼前景物立刻使我想到欧阳修《醉翁亭记》所描写的琅琊山。

王国维先生在《人间词话》中说太白："西风残照，汉家陵阙，寥寥八字，遂关千古登临之口。"据此设想：倘若你上岳阳楼而为文，登滕王阁而作赋，即便想破头颅，写得出范仲淹"先忧后乐"、王子安"落霞秋水"之句吗？恐怕只能缄口不言了。同理，欧阳永叔的《醉翁亭记》，不仅关千古登临琅琊者之口，亦且锁万代游览举凡两山一涧者之舌。

"山行六七里"——此处仅数百米耳，"渐闻水声潺潺"——此处亦非如此说不可，"而泻出于两峰之间者酿泉也"——如将这"泻"字改作"流"或"涌"抑或"冲"，连这样想一想也会觉得自己俗。"峰回路转，有亭翼然临于泉上者，醉翁亭也"——此时只好说："转了一个弯儿，有一座亭子像过街天桥一样横在泉水之上"，这俗得可耐吗？尤为不可耐的是那座亭：水泥结构，四柱贴有亮晶晶的绿色瓷砖，横架在溪水上方，非"翼然"而是"截然"，不像过街天桥吗？

当此时，在枯肠百转之后，我只得安慰自己：口虽被贴了封条，好在手脚尚且行动自如，劳心不得劳力尚可，只好一心一意沿溪登山吧。好在这里人工之物虽俗，天然造化却雅，拾阶而上，竟感到嘴上的封条越来越多，刚刚走了欧阳修，此时又冲出了个王羲之：你想说这里有山有树又有水——他却道"此地有崇山峻岭，茂林修竹，又有清流激湍，映带左右"；你想说今天天气很好，暖风扑面——他却言"是日也，天朗气清，惠风和畅"。你还敢再说什么吗？王右军略战数合，不败而走，谁知欧阳永叔拨马又回。我刚从范文正公处搬来救兵，借得冷箭一枝射出：这里"朝辉夕阴，气象万千"，他那里却发来了连珠炮："若夫日出而林霏开，云归而岩穴暝，晦明变化者，山间之朝暮也"；我再往陶县令处讨得一招二龙出水法：此处"芳草鲜美，落英缤纷"，他那里马上还我一记四门兜底阵："野芳发而幽香，佳木秀而繁阴，风霜高洁，水落而石出"；我路遇行人，方想借人发难，他却迅雷早至、先发制人："至于负者歌于途，行者休于树，前者呼，后者应，伛偻提携，往来而不绝"；我身边有客，正欲作东坡"有客无酒，有酒无肴"之叹，他却四平八稳、酒肴俱至："临溪而渔，溪深而鱼肥，酿泉为酒，泉香而酒冽"。如此几个回合下来,我丢盔弃甲,正欲卷旗曳兵而逃,却见他"苍颜白发,颓乎其中",陶然而醉矣!我也不敢大呼"老匹夫不死,二十年后再见",只得带一身透汗,寻路下山,精神败得厉害,身体却觉舒坦。

下山晚餐,想欧阳公口吐莲花百战不殆,必定是在酒后。此意一起加之从者相劝,不由开怀畅饮,不觉便至半酣以上。夜宿云浮市政府招待所,那是个山坳之中的幽雅去处,黑木瓦,白石墙,建筑高低错落,风格颇似日本神社。夜阑酒醒,回顾白日"战事",想自己醉虽能同其乐,醒则仍不能述以文,自然惆怅。披衣至阳台,凭栏而眺,远山如黛,树影婆娑,水中映月,几点灯火,间闻数声犬吠。窗外横斜一枝古梅,月夜下绽放数点白花,不想自己无数次构思过的"晓月寒梅"画境竟在此处出现,但恨此时没有一张琴、一炷香……

坐下望月静思,刚刚似有所悟,谁知观堂先生的词句偏又不知趣地跑来关我之口:试上高峰窥皓月,偶开天眼觑红尘,可怜身是眼中人。真是前人风雅多多,叵耐后人何辜。

扣一下开头。云浮之行本当是寻愁觅句、参禅悟道之旅。现在退而求其次:诗未觅得而闲愁且在,禅未悟得然清净尚存,此行不虚矣。

伊春行记

此时天色渐晚，而天空也骤然发生了变化，先前棉花糖似的一朵朵白云荡然无存，取代它们的是纵贯天地的灰色云幕，将远处的山峦与天空连为一体。这使我想起庄子《逍遥游》中的句子：北冥有鱼，其名为鲲。鲲之大，不知其几千里也……

仲夏时节，与朋友三五人共赴伊春。

虽然生在黑龙江，但我对家乡这个边陲省份的大貌却始终不甚了了。屡屡听朋友谈起那片黑色沃土上的种种景观，诸如五大连池的火山美景，边城漠河的极地奇观，齐齐哈尔的鹤乡湿地，伊春、海林的红松白桦，更不消说松嫩平原的千里沃野、万顷良田。此次尽管时间有限无法尽揽，也尽管多年来四处游荡所见甚多，但对此行的目的地伊春嘉荫还是早已心向往之，细细体会还真的有些激动呢！

越野车似乎理解我的心情，以逃离般的速度冲出哈尔滨，一路向北直奔绥化。副驾驶的位置安逸舒适、视野良好。放眼窗外，第一感觉是天忒煞的蓝、地忒煞的大。记得小时侯一篇课文中形容天之蓝为"珐琅的溶液"，我不知那是何物，但觉得眼前的天空蓝得那样透彻，以至于不能将其下漂浮的一团团云朵染上些许的微尘，云朵白得也同样是那样的透彻。尽管上午的阳光偶尔有些刺眼，但我却不愿意戴上墨镜，我实在不忍心让那人工之物遮蔽了造物主造就的清澈之蓝、纯真之白。

大地平坦得惊人，尽管看得见地平线，但那平坦告诉你在地平线之外依然是无边无际的平坦。在平坦之上自然是绿了，绿得也同样惊人，那绿仿佛可以呼吸，仿佛可以让你感受到它那特有的味道。平坦之上的绿自然不是单调的，水稻的绿是婴儿的绿，是那样的柔嫩和娇脆；玉米早已吐穗，深绿之上浮荡着一片娇黄，仿佛是梵高的画；公路两侧的杨树自然也是绿，但却绿得丝毫也不固执，一阵微风拂过，将那一片片树叶的背面翻弄出来，在阳光下是耀眼的白。大地的平坦并非没有起伏，一时间，越野车冲上一个高岗，更将那平坦尽收眼底。放眼天地之间，白云遮蔽了部分阳光，不均匀地洒向大地，形成了不规则的晦明变幻和阴阳交错，让你感觉到天与地的交融。我想，道家所作阴阳鱼一定是受到了此等景观的启发。

车行一百余公里到达绥化，午饭后折向东北继续前行。天空依旧是那样的蓝，云朵依旧是那样的白，大地依旧是那样的平坦而葱绿，公路也依旧是那样了无诗意地笔直。早知伊春地处小兴安岭深处，此时已近铁力，但却一如既往地平坦，没有山也不见岭。我有些倦了。车上的音响音质精良，一位不知姓名的女歌手，嗓音甜得发腻而又略带做作的喑哑。这些都不断加深着我的睡意。另外，中午可口的农家菜和清醇的高粱烧造成胃部严重充血而大脑供血不足，迫使我把身体更深地埋进坐椅当中沉沉睡去，在合上眼睛的一瞬间，我似乎看到前方地平线上，隐隐出现了一道青黛色的山峦……

黑甜一觉醒来，窗外的景物不容我的眼睛有哪怕一秒钟的朦胧。路旁，茂密的树林取代了先前的庄稼，树林之间则是大片大片的野草甸子。尽管都是次生林，但林中树种却原始般地繁杂，以松树和桦树为主。盛夏时节林木一派翠绿，但一株株白桦却在那大片翠绿之中，时疏时密地添加着一笔笔的青白。车过伊春往更北的嘉荫方向，我们远离了平原而进入绵绵的林海。这里并没有很高的山峰，只有连绵起伏低矮的山峦，此刻我明白为什么小兴安岭名"岭"而不叫"山"。此时天色渐晚，而天空也骤然发生了变化，先前棉花糖似的一朵朵白云荡然无存，取代它们的是纵贯天地的灰色云幕，将远处的山峦与天空连为一体。这使我想起庄子《逍遥游》中的句子：北冥有鱼，其名为鲲。鲲之大，不知其几千里也。化而为鸟，其名为鹏。鹏之背，不知其几千里也。怒而飞，其翼若垂天之云……

时而路过几个小山村。在茫茫林海和垂垂暮色之间，乡间隐隐的灯火和袅袅的炊烟，在我看来是那样的亲切。那红瓦的民房、低矮的木篱、憨憨的家犬，还有那房前屋后的向日葵、豆角秧，无不让我想起自己地处长白山脚下的故乡。我默默吟颂着王禹偁的那首《村行》：马穿山径菊初黄，信马悠悠野兴长。万壑有声含晚籁，数峰无语立斜阳。棠梨叶落胭脂色，荞麦花开白雪香。何事吟余忽惆怅，村桥原树似吾乡……

来不及我过多地"惆怅"，车已经到了嘉荫。我们住在黑龙江边的一个孤零零的去处，是一座白色的二层小楼。接下来是晚餐，依旧是可口的农家菜和清醇的高粱烧，大家谈兴很浓，一下子回忆起很多儿时趣事，不过是逃学去河边钓鱼、到田里偷香瓜、光着屁股在水泡子里游泳等等。我放弃了去此处最著名景点"毛兰沟"的计划，决定次日上午在附近一个江汉湖边垂钓。回到房间惊奇地发现，由于窗子没有关严，房间里进来了很多的江蛾，在棚顶的电灯周围飞旋、停落。洗漱之后躺在床上，或许是近六个小时的车程之后有些疲劳了，我在蚊子的嗡嗡声和楼下两只十分尽责而又过于机警的看家狗互相呼应的吠叫声中，慢慢地进入了梦乡。

早上四点半即匆匆起来，直奔湖边开始垂钓。这里的鱼果然智商低下而且饥肠辘辘，往往不待浮漂站稳就开始咬钩，除了巴掌大小的"鲫瓜子"以外，大多是我叫不出名字的各种小鱼，偶尔也有斤把重的红肚子鲤鱼。鱼儿虽小，但因为属于自然水面未经喂养的野鱼，上钩时大多劲头十足，出水之前要经过一番拼命挣扎，这给钓者带来了特别的快感。同行有一位业余摄影师，为我们照了几张提鱼展示的照片，运用十分专业的技法，将铅笔般长的小鱼照得俨然数尺之大。几个小时的时间转瞬即逝，我们收获颇丰，那些大大小小的鱼成为大家午饭的盘中餐。或许是考虑到这些鱼是我们的劳动成果，几位没有参加钓鱼的同事极口称赞味道鲜美，这更加使"渔翁"们感到飘然自得。我并不喜欢吃鱼，有同事问，那你为什么又喜欢钓鱼呢？我也一时语塞。现在想来，垂钓之乐，乐在忘却，忘却一切，有时甚至包括鱼儿。

中午时分，我们开始返回伊春。此时天空开始下雨，雨时大时小、时密时疏，车在林海中穿行。远处的林间，不时升腾起一阵阵白色的雨雾，那雨雾缓缓上升，慢慢地直达天际，让你无法分清哪里是云、哪里是雾。途中我们在蒙蒙细雨中来到汤旺河国家地质公园，此地有奇峰峻石、巨杉怪松。走在林间，我突然想起儿时常搞的一个恶作剧，便在一棵枝叶茂密的小树下站住，待大家聚拢来以后，猛然撼动树干，树叶上的雨水似倾盆般泄下，众人哄笑跑开，自己和大家一起衣服尽湿。一同事笑言此举为"损人不利己"。

晚上在伊春过夜，次日回哈尔滨，接着飞返北京。进城后走长安街，汽车严重拥堵排起长龙，车上的人纷纷下车引颈若鸭状，出租车司机们则纷纷做国骂、京骂；两小时后一身大汗进得家门，贤妻为省电节能而未开空调，室内一如桑拿房般热……

我多么怀念小兴安岭深处的那份宁静、那份清凉，还有那雨后清新宜人的空气……

故乡·童年·记忆的碎片

> 上大学后第一个寒假回家,我去看他,他高兴地又讲起了也许多年没有再讲过的故事,却把诸葛亮的事说成了徐茂公,我笑着纠正了他,他愣了一会儿,说了句"唉,老啦……"随后便沉默了很久。

故乡,童年,这字眼儿美丽而伤感。不知为什么,故乡和童年的记忆近来经常在脑海中萦绕,尽管,那只是一些断续的碎片。

离开故乡是从上大学开始,在故乡度过的当然不止是童年。但在观念里,关于故乡的记忆,全部都属于童年。

一

故乡,是黑龙江省东南边境上的一个小镇,过去有个很土的名字,叫"半截河",后米才有了个很红的名字,叫"向阳镇"。

镇上——那时还叫公社，住着两三百户人家。一条沙子铺的路自西向东从镇子中间穿过，大概不超过一公里，路的南北各有五六排民房。镇中间另有一条南北向的主路，也是沙子铺的，其他就都是土路了。两条主路交叉的地方是镇中心，叫作"十字街"，那附近就叫作"街里"，是镇上最繁华热闹的去处。

镇上有商场——供销社，就在"十字街"的西北侧。供销社里卖布、卖日用品、卖文具、卖食品，还卖散装的酱油、醋和酒，它们都装在大缸里，盖着一个一面用布罩起来的木盖，每个缸上都放着两个分别为一斤和半斤的提斗，要买时将自己带去的瓶子递过去，售货员便将一个圆锥形漏斗插在瓶子上，用提斗将酱油、醋或是酒倒进去。酒，好像一直是一元零三分一斤。卖水果的季节，那大屋子里便充满了果香，我走进去时总要深深地吸几口气，不过有时也会有臭豆腐、腐乳或虾酱的怪味。那里也卖小人书，有全套的《三国演义》，第一册是"桃园结义"，最后一册是"三国归晋"。即使不买，也可以让售货员从货架上拿下来看，只是不允许看得时间太长。

镇上有政府——那时也叫公社，有两排各七八间的红砖红瓦房子。家里的一个亲戚做过"公社秘书"，他办公室里有一台黑色带摇柄的电话，他经常在那里打电话，打电话时总是站着，总是一手叉腰、仰头向后、胸腹向前，总是用最大的声音说话，总是经常要说"好地、好地"，有时还冲着话筒大笑。我那时想，电话这东西就该是这样打的，因为电影里解放军首长便总是这样打的。

镇上有医院，也是两排各七八间的红砖红瓦房子。两排房子中间是院子，院子东侧有一间小房子，那便是"太平间"，走过院子时我从来不向那里看。医院里有两位医术高明的医生，恰好和电影《南征北战》里两个敌军长一样，一位姓张，一位姓李，在我印象中，他们的长相也好像分别像他们。外公差不多每年冬天都要在那里住几天院，有时母亲让我去送饭，不是馄饨，就是饺子。另外，病人总是要吃水果罐头的。

镇上有粮食加工厂，那里有一台很高、很大、连接复杂的机器，把麦子、玉米、高粱从这一端的漏斗里倒进去，就会从那一端的出口处接到白面、玉米面或玉米碴子、高粱米，米糠都会通过一条管道吹送到旁边一间小房子里，要自己去扫，装进口袋拿回去做猪饲料。那里还有一台"压"玉米面面条的机器，面条不是卖的，而是用玉米去换。把用水和好的玉米面从一个小漏斗放进去，就可以在一个有许多细细圆孔的出口处"压"出面条了。那面条在机器里已经加热熟了，黏黏的、甜甜的很好吃。"压"面条的人长着长长的脸，略有些鹰钩的鼻子，喜欢歪斜着戴一顶帽子，坐在那里总是微闭着眼，翘着二郎腿，随着机器的震颤不停地抖动。经常有一些孩子围在那台机器旁，我有时也去。他偶尔高兴时，会从机器上揪下几小坨面条丢到我们的手里。

镇上有电影院，我们都叫它"大俱乐部"，那里不时会放电影。

入口有铁栏杆，有人在那里验票，验票的是一个凶凶的哑巴。放电影时，门前广场上会有人卖炒熟的葵花籽，装在小布袋里，一角钱一小茶缸。有时进门不验票，对号入座，中场查票，这时便有机会逃票，我逃过几次，大都成功了，只有一次被抓住赶了出去，那次放的是《董存瑞》，我只看到他第一次参加战斗，一下子就把子弹全打光了那一段。那里也演过话剧，记得一出戏里有一个光头敌军官，演得最好，据说他是将一个晾干的猪尿（读 sui，一声）脬套在头上的。电影之前有时会放"新闻简报"，好像总是毛主席会见西哈努克亲王。毛主席逝世那次，学校组织去看了纪录片，很多人都哭，我也哭。学校还组织看过一出反映青少年犯罪的话剧，主人公叫李晓霞，有一个情节是她贪图享乐堕落了，半推半就和一个流氓搂在一起，随后全场灯光就熄灭了。大家好像都明白此刻关灯的意思，那几秒钟里全场安静极了，但坐在后排的一个低年级同学没领会，大叫一声："又停电了！"

镇上有油坊，那里有个工人总是低着头走路，嘴上还总是叼着一只弯弯的烟斗。镇上只有一家饭店，每天中午放学回家都从饭店门前经过，闻到那肉菜香味儿，口腔里总会无比湿润，本来已经饥肠辘辘的我就更加饥肠辘辘了。镇上有铁匠铺，兼给马钉铁掌。地上立着四根粗大的木桩，每根木桩底部都有一个斜向后方的短圆木，铁匠依次将马的四条小腿弯折过来捆在那短圆木上，先去掉马蹄上已经破旧的铁掌，再用烧红的烙铁烫马的脚掌，然后用刀子从脚掌上面割下一层，最后再钉上新的半圆形的铁掌。有的马不知是因为害怕还是疼痛，会摇头甩尾拼命挣扎，被激怒的铁匠有时便会用木棍抽打这胆小或娇气的马的屁股。

二

镇东边是一条由南向北流的小河，我们都管它叫"东大河"。河上有座水泥桥，桥下有水闸。春夏季节，那水闸都会落下，以便将水引向河东边的稻田里。于是，水闸以上是满满的河水，以下则只有泄漏出来的涓涓细流。河的东侧，是一条似乎总是泥泞的路，路的另一边就是农田了。河西侧，种着一排榆树和柳树。春天，榆树会长出榆钱儿，孩子们爬到树上，一串一串地折下来，用手一撸，一把一把地塞进嘴里，品尝那略甜而又微苦的春天味道。夏天，柳树会将柔软的枝条，一直垂到水面上，河边的一户人家在那垂柳下面，搭了一个伸到河水里的小小的木平台，常看到那家的姑娘在平台上洗衣服。不知为什么，我好像很早的时候就觉得，那里就是我从书上知道的遥远的江南。

镇子正南方，是一带并不很高的山，我们叫它南山。山上的树很茂密，以柞树和桦树为主。深秋的时候，柞树的叶子是红色的，桦树叶子是黄色的，我那时还不知道这叫"层林尽染、万山红遍"。镇西南方向有一座较高的山峰，叫"尖顶山"，听大人们说，夏天在田里劳动，只要看到"尖顶山"山头上出现阴云，肯定马上就要下雨了，如果院子里还晾着被子，或者酱缸盖儿没有盖上，那就必须马上往家里跑，慢了就来不及了。能预报下雨的还有燕子，如果它们成群在低空盘旋，也表明马上要下雨了。这些都很灵验。

镇子的周围都是农田，庄稼有玉米、高粱、谷子、大豆，也有少量的水稻和小麦，夏天一片碧绿，秋天处处金黄，应该是很美的，可惜那时好像并没有怎么在意。孩子们只知道玉米杆儿的根部很甜，可以像甘蔗一样嚼吃，高粱杆儿上有时会长出一种"乌米"，黑黑的面面的，有些甜，也很好吃。当然，将嫩玉米用铁钎子插住，放在炭火上烤熟，那就更好吃了。稻田的水沟里会有很多小鱼，赤脚在水里走上几个来回，把水搅浑，就会看到一些小鱼把嘴紧贴着水面一张一合，两手一捧就可以捉到一条。在稻田里捉鱼是最好打发时光的，一个下午很快就过去了，往往天黑了还不愿意回家。

那时，夏天最喜欢做的事是钓鱼。出镇子沿公路向北走上几公里，有一个水网纵横的地方，很多地方都是钓鱼的好去处。鱼竿是自己做的，用一根长竹竿，接上一截从扫帚上抽下来的比较柔软的细竹梢，就是很好的鱼竿了。鱼饵是蚯蚓，挖蚯蚓要到背阴潮湿的地方，最好是柴草垛下面。将挖好的蚯蚓装在一个木盒里，再放上一些湿润的细黄沙，蚯蚓将沙子吃到肚子里，就会变得通体通红。我那时很喜欢钓鱼，最初是和父亲一起去，后来和小伙伴，有时也一个人去。钓鱼都要早起，最难熬的是头一天晚上，一想到明天要去钓鱼，往往就怎么也睡不着，努力紧紧地闭上眼睛，可脑海里却总是有一支鱼漂在水面上一沉一浮。

冬天最好玩是一种叫"浆杆儿枪"的赌赛游戏。把一根两米左右长、大拇指粗细、比较有弹性的灌木条，去掉枝叶，细的一端用刀削一个斜面，这就是"枪"。用半个玉米瓤儿作为标靶，叫作"橛儿"。赌赛的筹码是"浆杆儿"，就是折成一节一节的高粱杆儿。游戏时，约上四五个伙伴，带上各自的"枪"和"浆杆儿"，找一条平坦、安静、有冰雪的路面，先将"橛儿"在地上立好，再将每个人所出的筹码"浆杆儿"一字摆放在"橛儿"的两边，然后站在"橛儿"这里依次"发枪"——就是用手把"枪"射向远方，以"枪"发射的远近决定射"橛儿"的先后次序。射"橛儿"，就是把"枪"贴近地面射向"橛儿"，若将"橛儿"射倒，则为全胜，可以通吃两侧的"浆杆儿"，若射到一侧的"浆杆儿"，则只赢得射到的筹码。在这游戏中，"发枪"的远近十分重要：发的远，利在优先射"橛儿"，有通吃的机会，弊在离"橛儿"较远，射中的难度加大；发的近，利在提高射"橛儿"的把握度，弊在要等别人先射，若前面的人射"橛儿"中的，自己就算血本无归了。冬天我们经常乐此不疲，手、脸总是冻得通红，直到家里大人连吼带骂方肯回家。

那时也玩弹弓，弹子是晒干的小黄泥丸儿，弹弓本来是打鸟的，可打中的往往是邻居家的窗玻璃。还玩"战斗"，武器是自己做的木头刀枪，"战斗"需要很多人一起，分为两拨儿：解放军和鬼子，我总是当解放军，从不当鬼子。解放军进攻的口号是"同志们！冲啊！"鬼子则是喊"牙吉给给"。

无论什么游戏，最后都可能演变为真正的"战斗"，也就是打架。我是家里的长子，只有两个妹妹，虽有叔伯，"终鲜兄弟"，而那时在我的印象里，别人好像都是有兄弟的。孩子打架是不讲"费厄泼赖"的，和人打架时，对方无论输赢，总有哥哥弟弟出来现场助威或事后报仇，因此我往往会吃亏。据母亲讲，有一次我打了败仗回来，曾哭着向她抱怨为什么自己没有兄弟。后来读《论语》"人皆有兄弟，我独亡"一句时，不觉为之一笑，想不到自己竟与古人暗合，也曾发过这"司马牛之叹"。

三

最快乐的当然是过年。过年时，母亲总会给我们做新衣服，母亲手巧，不仅要给我和妹妹做，还要帮邻居家的孩子们做。做好的新衣服过年前是不能穿的，必须等到大年初一早饭后出门拜年时才可以穿。腊月二十三是"过小年"，年也就从那一天开始过起，接下来的几天分别要蒸包子、炸"面鱼"。到了二十七八，就该"烀"肉了。头天晚上将冻着的猪头、肘子、猪蹄、鸡、方子肉以及猪肠、肚、心、肝等"下货"拿到屋子里，第二天早上解冻后洗干净，便开始在大锅里"烀"，不久满屋子都会弥漫着肉的香气，母亲不时要用筷子扎一下锅里的肉，看看熟了没有。大年三十早上总是吃手擀打卤面，下午三点左右，在放了一挂鞭以后，就该吃年夜饭了。菜一般会是十个，取"十全十美"之意，有烧的鸡、煎的鱼，当然更少不了家里的传统大菜——红焖肉，用筷子夹住厚厚的肉片蘸上酱油，整块地放在嘴里，刚嚼上两下，满口都是那浓郁而独特的香味儿。吃年夜饭时父亲总会喝点酒，有一年他买了一瓶"二锅头"，一打开瓶盖，屋子里便充满了酒香。饭后是守夜，然后是放鞭炮"接神"，半夜里还要再煮点饺子，这才恋恋不舍地将一年中最重要的一天度过，睡上几个小时，就该在大年初一早饭后，穿上新衣服，去外婆家拜年了。

我小时候喜欢住外婆家，长大了也总愿往那儿跑。外公——我们叫他姥爷，他很早就从山东老家"闯关东"到哈尔滨，学了皮匠手艺。六零年"挨饿"，他带了全家自愿"下放"到我们这个小镇。外公是个心灵手巧的人，过年时他会给我做木框镶玻璃的小灯笼，还用油彩在玻璃上画上松树、竹子什么的，比别的小朋友简单的罐头瓶灯笼不知好上多少倍。过年时他会亲自下厨做菜，而我总是在他身边围着转，他会不时切下一块熟肉之类的东西，用手放到我嘴里。他有严重的气管炎，呼吸的声音总是很沉重，每次从外边走路回来，都要坐在凳子上喘息很久，有时还会吃力地咳嗽很久。每当他咳嗽时，我都会很担心，总是安静地看着他。

小时候我总是让外公讲三国故事。有一次晚上住在外公家，在讲了好几个故事以后，外公困了要睡，我却要求再讲一个"长"故事才肯睡，他便讲了这样一个故事："从前，曹操带兵去打刘备，要过一条河，河上只有一座独木桥，每次只能走一个人。于是，曹军一个接一个地过桥，嘎登、嘎登……"讲到这里外公已经开始发出了鼾声。我推醒他问："姥爷，后来怎么了？"外公说："继续过桥，嘎登、嘎登……"然后又发出鼾声。在这样反复了几次以后，在我再次推醒他问后来怎么样时，外公说："现在轮到夏侯惇过桥了，嘎登、嘎登，突然'卡擦'一声，桥断了，曹军开始修桥……"我等了很久，又推醒他，外公说："桥很难修，要明天才修得好，先睡吧。"这样我才慢慢睡去。第二天刚一起床，我马上跑去找到外公，问："姥爷，那桥修好了吗？"惹得全家一阵大笑。此后很长一段时间，这事都成为我的一个笑柄。

外公"成分"不好，是"富农子弟"，文革时挨过斗，据说还挨过打，但我从未听他抱怨过什么。我是他的长外孙，上学以后，我知道他对我是寄予厚望的。听母亲说，他曾经担心因为自己的"成分"问题而影响我的前途。我考上大学要离开家的前一天晚上，他到我家来了，坐下后喘息了很久，又咳嗽了很久，然后没怎么说话，只是那样低着头坐着。上大学后第一个寒假回家，我去看他，他高兴地又讲起了也许多年没有再讲过的故事，却把诸葛亮的事说成了徐茂公，我笑着纠正了他，他愣了一会儿，说了句"唉，老啦……"随后便沉默了很久。也许我就这样在不经意间，让他更深切地意识到了自己的衰老。他去世的时候我没能赶回来，第二年春节回家，和舅舅们谈起他，我出声地哭了，那是我记忆中的最后一次痛哭。

四

快乐随着上学以及年级的升高而逐渐减少。刚一入学，我不知怎么就被任命"体育委员"，负责上体育课时整队并喊口令。体育老师是个很帅的人，即便大冷天也穿得很少。他上课时总是把上衣扎在裤子里，腰上系一条有很大金属带扣的宽皮带，哨子挂在脖子上，垂下来正好碰到那金属腰带扣，走或跑都会发出清脆的撞击声。上课时，我要先整好队，然后报数，再双手握拳与腰平齐，跑步至体育老师面前，立正，喊道：报告，×年×班××名同学列队完毕，请指示。刚开始时，由于不好意思并且紧张，这几句话我总是喊不好，往往跑到他面前了，刚喊了"报告"，却说不出下面的两句话，于是在同学的哄笑声中通红着脸，一边挠着头发一边退回来，定定神再来一次。或许就从那时起，我由不喜欢体育委员这个职务，到不喜欢上体育课，进而也不喜欢任何体育运动。

那时学校经常要组织游行，就在镇子中间那条主要街道上进行。春天，要游行宣传护林防火，口号是"护林防火，人人有责"。征兵的时候也要游行，口号是"一人当兵，全家光荣"，有一次某班一位领喊口号的同学，居然将这句口号喊成"一人当兵，全家牺牲"，事后受到学校的严厉批评。当然，无论为什么游行，口号中间总会穿插很多毛主席语录。打倒"四人帮"那次，举行了全校大游行，后来听大人说，他们听到喊"打倒江青"的时候都惊呆了，有人还断定，"上边"一定是有人变"修"了。

小学时有位班主任是上海女知青，胖胖的，白白的，梳着短发。她的口音听来怪怪的，分不清"甘蔗"和"干枝儿"（干枯的树枝，用来当烧柴）。她怕冷，原本白白嫩嫩的手一到冬天就会变得通红。我那时也许是个"好"学生，她经常当众毫不掩饰地表扬我，为此使我招来很多嫉妒。那年寒假她去上海探亲回来，一天下课后将几名"班委"留下来，讲了很多上海的事情，可我却全然听不懂，实在弄不明白外滩、南京路与我们的"街里"的区别。她给每名"班委"都送了一支漂亮的铅笔和一块带香味的橡皮，最后还让我再留一会儿，又单独送了我一张彩色卡片，是"孙悟空三打白骨精"。她有一次严厉地批评了我，因为我让一个学习不好但很"老实"的同学去做本应由我做的劳动，她认为我在"欺负人"，其实我是以代做作业为条件和那同学做交易的。对她的批评我报以沉默，没有透露这原本公平的交易，那个同学因此成为我的"死党"，还专门请我看了一场电影——《红孩子》。

我的语文大概算是学得好，有一次老师让大家说出表现各种动物叫声的字词，我一口气说了"龙吟、虎啸、马嘶、猿啼、鸡鸣、犬吠"，全班都震惊了。我的作文几乎每次都是班上的"范文"，老师经常让我在班上念。初中毕业那年全校毕业班征文，题目时《当我离开母校的时候》，我得了第一名，校长让全校最漂亮、唱歌最好、写字也最好的一名女生将我的作文抄写在学校走廊的大黑板上，从那以后的一段时间，她见到我时总会莫名其妙地羞涩，而我也同样会莫名其妙地腼腆。她那时经常穿一件蓝白两色带披肩的海军衫，在读了《钢铁是怎样炼成的》以后，我感觉她分明就是"冬妮娅"……

上大学出发的那天，父亲送我到县城坐火车，母亲和两个妹妹则只送到镇上的汽车站。我穿着母亲新做的光鲜衣服，提着一只新买的红色皮箱，满心欢喜地憧憬着城市里的大学生活，对母亲和妹妹们眼里的泪水也好像并没有太多地在意。很久以后我才明白，从车轮启动的那一刻开始，我便将童年永远地留在了故乡，而故乡和童年，也便永远成为了记忆中一个个断续的碎片……

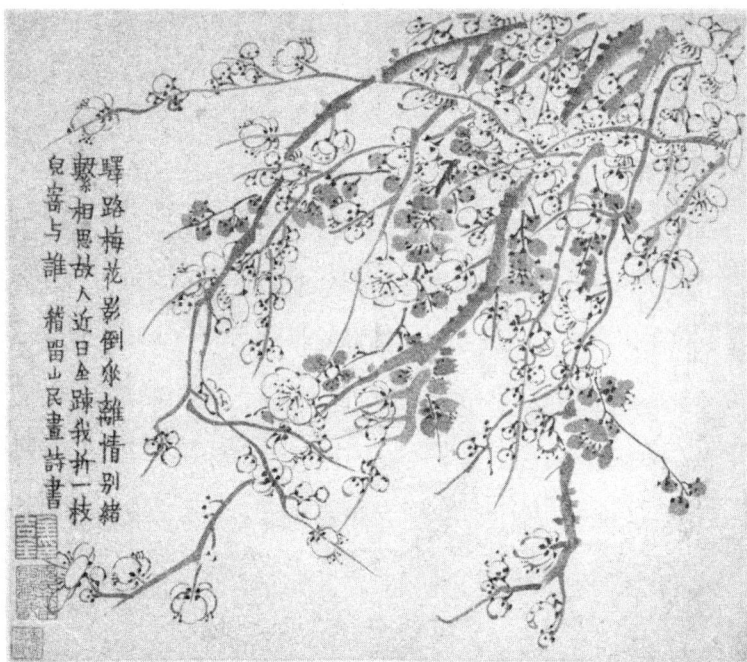

驿路梅花影倒垂，离情别绪紧相思。故人近日全无迹，我折一枝聊寄与谁。稽留山民画诗书

（清）金农《梅花》册页（之一）

后　记

这是我的一本读书随笔小册子。每日读书并做读书笔记，是我坚持了二十多年的一个习惯，那个被我命名为"读书日志"的小笔记本总是带在身边，读到什么感兴趣的，便会随手记一记，内容以抄为主，也有自己的一些感悟和联想。有时觉得有什么题目似乎可以连缀成篇了，也就随时抽空写一写，一来二去，就有了现在这几十篇不像样的东西，大部分在报刊上发表过，基本上都写作于最近十来年。

现在想来，自己读书原本就没有什么目的性，很多时候都是兴之所致、率性而读。不过读来读去，逐渐也有了个大体的范围，基本不离文、史二字。对于书的选择也很随意，有时不管从哪里得到一个线索，便去书店或从网上淘来，大部分一翻便搁过了，少部分认真读过，有的还读了多遍。至于读的过程，与其说是去求什么真知，不如说是一种休闲方式，是逃避操持家务、管教孩子的一种方式。必须承认，每天晚上靠在椅子上读书的那几个小时，是我最放松、最惬意的时光。

读书总还是有好处的，而要想得到读书的好处，非多读不可。

只有读多了，才会有鉴别，才会有欣赏，也才会有真正的批判。读与写是有区别的，读可以逼，写则万万逼不得，书有不得不读的，写则非到不吐不快的程度不可。读可以东鳞西爪、不求甚解，写则总要有点自己的感悟、自己的见解。读书好比吃菜，口味不妨多样化一点；写作则好比做菜，最好还是有一点自己的性情、自己的风格。——绝不敢说自己做到了，"身不能至，心向往之"而已。

这些文章能在报刊上发表，得益于几位编辑：《金融时报》孟黎同志，《金融博览》刘光辉同志，《南方周末》蔡军剑同志等。特别还要提到厦门大学的谢泳先生，那次在报上读了他的一篇文章，写了篇商榷性的文字，邮件发给谢先生，没想到很快得到回复，给予肯定并推荐给《中华读书报》。这几位至今都未曾谋面，在此一并致谢。

每次文章发表后，总忍不住在手机朋友圈里"晒"一下，得到了许多同事、朋友的"点赞"鼓励和热情评论，也要说声谢谢。

还想附笔感谢一下内子李卫女士。当我每天偷懒、窝在那里读书的时候，她往往正在照顾老小、操持家务，"像里里外外一把手儿的小铁梅"（家母语）。很纳闷为何在全球化的今天，把书献给老婆这一"国际惯例"在我们这里还是不大流行，因此也就不献了。其实献不献原本无所谓，因为我的这些东西在发表之前，她大多都是第一读者。

　　拉杂写了这些，算是个交待。如今早已不用雕版而是电脑排印，"灾梨祸枣"这句俗套话便用不上了；现在的人家，也极少有酱缸咸菜缸的，"聊以覆瓿"也无从谈起。这本小册子做什么用，只好请读者诸君自便吧。